日本の美しい教会

八木谷涼子 = 文
Yagitani Ryoko
鈴木元彦 = 写真
Motohiko David Suzuki

JN050674

X-Knowledge

【写真提供】

p019〈内観〉ピクスタ / p.021〈内観〉アフロ、〈外観〉女子パウロ会 / p.022一般社団法人長崎県観光連盟 / p.024〈内観〉アフロ / p.043〈内観 上〉ピクスタ/p.046-049カトリック今村教会 / p.059ピクスタ / p.064-067東京女子大学 / p.069〈外観〉立教大学 / p.072千代田遺産 / p.073カトリック神田教会 / p.079立教大学 / p.080-081 J-LIGHTS 板村光一郎 / p.085〈外観〉アフロ p.090-091同志社大学 / p.094-95・p.097〈外観〉神戸女学院大学 / p.098-99河野利彦 / p.100片柳弘史 / p.104〈鬼瓦〉・p.105〈十字架拡大〉日本聖公会 奈良基督教会 / p.110-111飯國清 / p.114 カトリック幟町教会 / p.116ピクスタ / p.117〈外観〉片柳弘史 / p.118〈聖パウロ〉ピクスタ / p.120 軽井沢ショー記念礼拝堂 / p.122-123博物館 明治村 / p.124-125 豊橋ハリストス正教会 / p.126-127 カトリック新潟教会 / p.128-131 弘前観光コンベンション協会 / p.134-135 釜谷幹雄 / p.136-137 カトリック鶴岡教会 / p.138-139 カトリック山形教会 / p.142〈外観〉白河ハリストス正教会 / p.144-145函館国際観光コンベンション協会 / p.146〈遠景〉ピクスタ、〈内観〉函館ハリストス正教会 / p.147〈外観〉函館ハリストス正教会 / p.148ピクスタ / p.149洞内定晴 / p.150〈クリスマス内観〉洞内定晴、〈イースター内観〉丸山恵司 / p.151ピクスタ / p.152札幌市 / p.154日本聖公会 札幌聖ミカエル教会 / p.155〈キャンドル〉日本聖公会 札幌聖ミカエル教会 / p.156-157 カトリック小樽教会

イラスト	c.tom
地図	千秋社
デザイン	米倉英弘（細山田デザイン事務所）
編集協力	田方みき
DTP	横村葵
印刷・製本	シナノ書籍印刷

※本書は2016年12月に発刊した『日本の最も美しい教会』をもとに大幅な改訂・加筆のうえ、再編集したものです。

はじめに

わたしの家は祈りの家と呼ばれる。
そこで求める者は受け、探す者は見いだし、
たたく者には開かれる。

（カトリック教会ミサ典礼書　教会献堂の日　拝領唱）

日本に数ある教会堂のなかから、「美しい教会」という表題のもと、60の教会堂を紹介させていただきました。本書で取り上げた教会堂・チャペルは、数か所をのぞき、現役の宗教施設としてキリスト教の礼拝が行われている場所です。なかには、すでに落成から100年を超して使われている建物もあります。

教会堂がそこに存在するためには、いくつかの条件が必要です。
まず、そこに教会堂を建てようと決心した人びとがいたこと。
費用をささげ、工事を請負った人びとがいたこと。
地震や火災、空襲などの外的要因による損傷を免れている、もしくは修復されていること。
そして、建物の維持と美化のために奉仕する人びとがいまも存在していること。
——どれひとつ欠けても、いま教会堂はそこに建っていることはありません。

いくつかの教会堂は、外国の信者の献金によってそもそもの礎石がおかれています。

つまり、遠い国のクリスチャンの祈りが建物のかたちで遺されているのです。
また、はじめから日本人だけの力で建て上げた教会堂もあります。
それらの建物が「美しい」姿でそこに存在しつづけているのは、著名な建築家の作品だからという理由だけではなく、日々お祈りのために用いられ、信徒に愛されているからこそではないでしょうか。

日本の教会堂建築に、欧米のそれと同じスケールの壮麗さを求めるのはむずかしいことですが、いまも建物が存在している意味、また建物の細部に見られる日本的意匠や地域の風土に溶け込んだ姿などにも注目していただければと思います。

本書への掲載をご許可くださった教会や関係者の方々、また鈴木元彦さんはじめ写真のためにご尽力くださった方々、資料提供や取材などでご協力いただいたすべての皆さまに、心より感謝申し上げます。

八木谷涼子

003

目次

* 本書における聖書からの引用は、一部を除き日本聖書協会『聖書　新共同訳』によります
* 本書に掲載したデータは、2023年10月現在のものです
* 本文中敬称略

005

教会の基本

※ 本書に登場する教派は **太字** で示した

教会とは

キリスト教を信仰する人びとの共同体のこと。組織としての教会は、必ず所属する信徒（教会員）をもつ。信徒が集まり、礼拝をささげる建物を指して使われることもある。建物、すなわち教会堂（会堂、聖堂、礼拝堂、カトリックで古くは天主堂とも）は、定期的な礼拝のほか、葬儀や結婚式、祈りの集いなどに用いられる。

なお、「チャペル」とは学校や病院などの施設に付随する礼拝堂のこと。所属する信徒をもたない礼拝施設もチャペルと呼ぶことがある。

教会堂はいつから日本にあるの？

キリスト教は1549（天文18）年、カトリックの宣教師フランシスコ・ザビエルによりもたらされた。最初の教会堂は、現在の山口市内に建てられたとされる。教えを受け入れた信者はキリシタンと呼ばれたが、徳川幕府の禁教令により棄教あるいは殉教した者、地下に潜伏した者も。長い鎖国時代ののち、1859（安政6）年の神奈川・長崎・函館の開港を機にふたたび宣教師の活動がはじまり、教会堂も新築される。1865（元治2）年には長崎の大浦天主堂で潜伏キリシタンが「発見」された。なお、禁教令が解除されるのは1873（明治6）年である。

カトリックとは

キリスト教の流れのひとつ。キリスト教には時代や地域によってさまざまな流れ（教派）があり、ローマ教皇を頂点とする**カトリック**は「西方教会」に位置する。カトリックから宗教改革によって分離した人びとは、**プロテスタント**（反抗する者）と呼ばれ、ルター派（**ルーテル教会**）、**聖公会**、長老派、メソジストなど数多くのグループがある。1941年に成立した**日本基督教団**は、複数のプロテスタント教派で成りたつ合同教会。

以上の西方教会に対して、「東方教会」がある。東方正教会、正教会、ギリシャ正教ともいい、ロシアからの宣教により成立した**日本ハリストス正教会**はこの流れに属する。正教会も、プロテスタント各派も、先に触れた3つの港の開港により宣教師が来日するようになった。

教派と教会堂との関係は？

教会堂のかたちには、その教派の礼拝様式と伝統がそのまま反映される。一般に、儀式を重んじるカトリックと正教会の教会堂は装飾や色彩が華やか。説教（聖書の説き明かし）を重んじるプロテスタントでは、装飾的要素は少ない。

カトリックと正教会では、会堂が聖人や祭などにささげられるので、組織としての教会名のほかに「教会堂名」をもつ[1]。

1960年代に始まったカトリックの典礼改革[2]は、建築にも大きな影響を及ぼした。かつては縦長平面の聖堂が標準で、壁に接した祭壇をもち、司祭は会衆に背中を向けてミサをささげていたが、新しい建築では祭壇がより会衆席の近くに配置され、司祭は会衆の側を向くようになった。このため、古い聖堂では壁際とその手前に、新旧2つの祭壇を備えていることがある。

日本の教会堂の特色は？

明治期に建てられた教会堂の多くは、外国人の設計・指導の下に日本人大工が施工したもの。初期の洋風建築、あるいは和洋折衷の建築として独自の魅力をもつ。

現地仕様といえるものに床の畳敷きがある。とくにカトリック聖堂（お御堂ともいう）においては、ある時代まで信徒は畳に正座でミサに参加していた。畳敷き聖堂は少数ながら現存する。当初から椅子をおいていたプロテスタント教会でも、土足可となったのは比較的近年の現象。

---

*1 教会堂名　たとえば、長崎の大浦天主堂は献堂（新築の教会堂を神にささげること）のとき「日本二十六聖人殉教者天主堂」と命名されている

*2 典礼改革　第2バチカン公会議（1962〜1965年）の決定により、全世界のカトリック教会でおこなわれた儀式の改革。式文（礼拝で唱えたり歌ったりするための、定められた文章）がラテン語から自国語となったほか、地域の文化に適応した礼拝様式に変わった

教会の外観

ケルト十字
ラテン十字の交わる部分に円を重ねた十字。カトリックや聖公会で使われることが多い

鐘楼

キリスト教のシンボル
ここでは、XPの組み合わせ文字（モノグラム）（→p.13）

彫像
イエスやマリア、その聖堂がささげられた聖人などの像

ステンドグラス

ルルド
1858年に聖母マリアが出現したというフランスの洞窟を模したもの

正面入リ口
通常は西向き（土地の状況により異なる）

イラスト：
カトリック小樽教会
富岡聖堂

カトリック教会の聖堂外観

ロシア十字（八端十字）
端（角）が8つある十字架の意味で「八端十字」ともいう。ロシア系正教会で使われる

鐘楼

クーポル
キューポラ、タマネギ屋根などともいう。ロシア式聖堂の特徴のひとつ

正面入リ口
通常は西向き
（土地の状況により異なる）

A　B　C

イラスト：
函館ハリストス正教会

内部は大きく3つの空間に分かれている
（Aは玄関と啓蒙所、Bは聖所、Cは至聖所）（→p.9）

正教会の聖堂外観

教会の内観

現在の祭壇は壁より前、会衆席寄りに設置されている。旧い時代に使われていた祭壇は壁に接している

旧祭壇の最上部にはその聖堂の保護の聖人像やイエス像などが安置されていることが多い

聖櫃（せいひつ）
ご聖体（キリストの体であるパン）を納める容器

ステンドグラス

祭壇
司祭が祭儀を執りおこなうテーブル。最後の晩餐の食卓を模したもの

ご聖体ランプ
赤いランプは聖体が聖櫃に納められているしるし

マリア像

ヨセフ像

聖体拝領台
ご聖体をいただくとき、信者がひざまづくための柵

朗読台

内陣

会衆席は手前側にあり、内陣には聖職者以外入れない

カトリック教会の聖堂内部

イラスト：
カトリック弘前教会

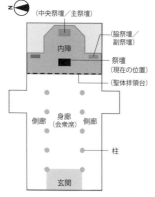

N

（中央祭壇／主祭壇）

（脇祭壇／副祭壇）

内陣

祭壇
（現在の位置）

（聖体拝領台）

側廊

身廊
（会衆席）

側廊

柱

玄関

カトリック教会の聖堂平面図
（一例、三廊式バシリカ）

カトリックの聖堂に見られる天井

リブ

リブ・ヴォールト天井
柱からアーチ状にかけ渡して、屋根の荷重を柱へ伝える部材（リブ）を使った天井

折り上げ天井
（船底天井）
中央部分を高くとった天井

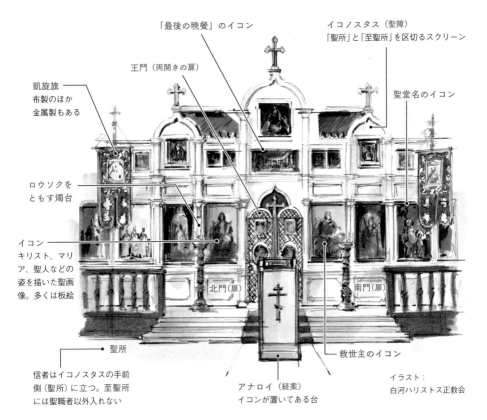

「最後の晩餐」のイコン

イコノスタス（聖障）
「聖所」と「至聖所」を区切るスクリーン

王門（両開きの扉）

凱旋旗
布製のほか
金属製もある

聖堂名のイコン

ロウソクを
ともす燭台

イコン
キリスト、マリ
ア、聖人などの
姿を描いた聖画
像。多くは板絵

北門（扉）

南門（扉）

救世主のイコン

聖所

信者はイコノスタスの手前
側（聖所）に立つ。至聖所
には聖職者以外入れない

アナロイ（経案）
イコンが置いてある台

イラスト：
白河ハリストス正教会

正教会の聖堂内部

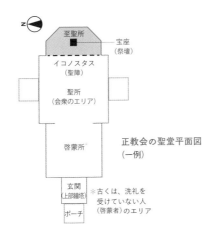

至聖所

宝座
（祭壇）

イコノスタス
（聖障）

聖所
（会衆のエリア）

啓蒙所

正教会の聖堂平面図
（一例）

玄関
（上部鐘塔）

ポーチ

※古くは、洗礼を
受けていない人
（啓蒙者）のエリア

プロテスタント教会の礼拝堂平面
プロテスタントのなかでもルーテル教会と
聖公会は、祭壇を中心としたカトリックの
聖堂に近いスタイルが多いが、それ以外の
教派（長老派など）は一般的な講堂（会衆
が講演を聞く場所）と似た平面構成をとる
ことが多い。これは、説教を聴くことが重
視されるためである

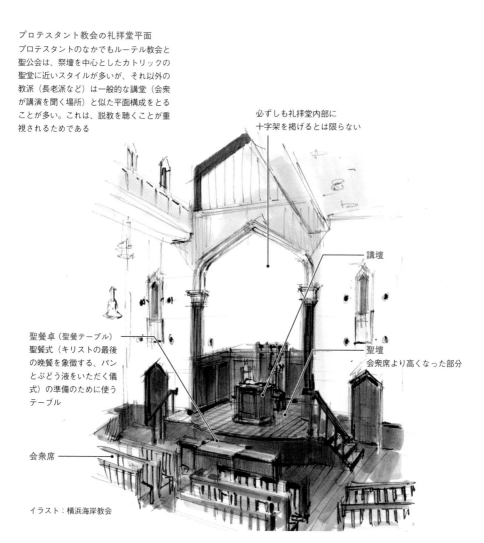

必ずしも礼拝堂内部に
十字架を掲げるとは限らない

講壇

聖餐卓（聖餐テーブル）
聖餐式（キリストの最後
の晩餐を象徴する、パン
とぶどう液をいただく儀
式）の準備のために使う
テーブル

聖壇
会衆席より高くなった部分

会衆席

イラスト：横浜海岸教会

プロテスタント教会の礼拝堂内部

プロテスタントの礼拝堂に見られる天井

はさみ状トラス

小屋組
建物の屋根を支えるための骨組み。
洋小屋では、一般に部材を三角形に
組んだトラス構造が用いられる。と
くにはさみのような組み方をはさみ
状トラス（シザーズトラス）という

建築家紹介

プロテスタント

聖公会の建築家
ジェームズ・
マクドナルド・
ガーディナー
(1857-1925)

アメリカ・ミズーリ州生まれ。米国
聖公会伝道局より派遣され1880年来
日。立教大学校長、教授を務め、1904
年に建築事務所を開設。日光に眠る。
作品 京都聖アグネス教会、京都聖
約翰教会堂(p.122)、日光真光教会
(p.82)、弘前昇天教会ほか

正教会

正教会の建築家
モイセイ河村伊蔵
(1860-1940)

愛知県・知多半島の内海生まれ。1883
年正教会で受洗。(副)輔祭として東
京本会の庶務ほか各地の施設営繕を
担当。1937年司祭。
作品 修善寺正教会、函館正教会
(p.144)、豊橋正教会(p.124)、白河
正教会(p.142)ほか

カトリック

九州の棟梁建築家
鉄川与助
(1879-1976)

長崎県・五島列島の中通島生まれ。
22歳の頃天主堂建築と出会い、1906
年鉄川組を設立。戦前の教会建築は
28棟。本人は終生仏教徒。
作品 青砂ヶ浦教会(p.20)、田平教
会(p.22)、頭ヶ島教会(p.24)、紐
差教会(p.42)、旧野首教会(p.44)、
今村教会(p.46)ほか

プロテスタント

近江ミッションの
信徒伝道者
ウィリアム・メレル・
ヴォーリズ
(1880-1964)

アメリカ・カンザス州生まれ。英語
教師として1905年来日。1908年建築
事務所を開業し、滋賀県八幡を拠点
に活動。1941年日本に帰化。
作品 日本基督教団京都御幸町教会、
明治学院チャペル、日本福音ルーテ
ル久留米教会(p.50)、日本基督教団
大阪教会、日本基督教団武蔵豊岡教
会(p.80)、神戸女学院大学(p.94)
ほか

カトリック

札幌にも在住した
建築家
マックス・
ヒンデル
(1887-1963)

スイス生まれ。1916年チューリッヒ
に設計事務所を開設。1924年来日し、
16年間日本で活動。1940年帰国。
作品 神田教会(p.72)、新潟教会
(p.126)、松が峰教会(p.84)、十和
田教会、天使の聖母トラピスチヌ修
道院(すべてカトリック)ほか

カトリック・プロテスタント

日本近代建築の父
アントニン・
レーモンド
(1888-1976)

ボヘミア(現チェコ)生まれ。アメ
リカに帰化。帝国ホテル設計者F・
L・ライトとともに1919年来日、の
ち東京に設計事務所をかまえ40年余
年日本で活動。
作品 カトリック軽井沢教会(p.118)、
東京女子大学チャペル(p.64)、立教
学院聖パウロ礼拝堂(p.78)、札幌聖
ミカエル教会(p.154)、カトリック
目黒教会(p.60)ほか

現代建築の巨匠
村野藤吾
(1891-1984)

大阪を拠点に活動。キリスト教会の
作品に、世界平和記念聖堂(カト
リック幟町教会)(p.112)、カトリッ
ク宝塚教会、シトー会西宮の聖母修
道院など。

世界のタンゲ
丹下健三
(1913-2005)

東京を拠点に、国外でも活動。東京
カテドラル聖マリア大聖堂(カト
リック関口教会)(p.52)を設計。同
聖堂のクリプト(地下聖堂)に眠る。

建築界の鬼才
安藤忠雄
(1941-)

大阪市に建築研究所をかまえる。教
会・チャペルの作品に、光の教会(日
本基督教団茨木春日丘教会)(p.88)、
水の教会、風の教会、21世紀キリス
ト教会など。

イラスト／Yagitani

もっと知りたい教会のこと

教会堂を見学したいのですが？

　まず教会堂は祈りの場であって、観光施設でないことを知ろう。礼拝（ミサ）の時間に行けば扉は必ず開いているが、世界的な感染症の流行後は、見学はもとより礼拝参加さえ制限がかかるケースが出てきている。訪問前には必ずウェブサイトなどで確認を。

　訪問時に避けるべきは、肌を露出した服装、ヒールの尖った靴（土足厳禁のところもある）、会堂内部での談笑、飲食、喫煙、許可のない写真撮影。携帯電話の電源を切るのはもちろん、会堂奥にある祭壇付近への立ち入り、鐘、聖水や聖像、聖歌集などの備品に触ることも控えて。

　乳幼児を同伴するのは避け、もしお祈りしている人がいたら邪魔をしない心遣いも大切。拝観感謝の気持ちを表したければ、お金を備えつけの献金箱へ。

イエス・キリストは教会堂のどこにいるの？

　キリストは建物本体や、像などの装飾物にやどっているわけではない。「二人または三人がわたしの名によって集まるところには、わたしもその中にいる」とイエスは語った（新約聖書『マタイによる福音書』第18章20節）。

　キリストはまず、その名によってつどう信者たちのなかに臨在する。そして、礼拝で読まれる聖書とその説き明かし（説教）、つまりことばのなかに臨在する。さらに、キリストの最後の晩餐の記念として信者たちが分かち合うパンとぶどう酒（聖体・聖餐）のなかにも臨在する。

礼拝って、どんなことをするの？

　キリスト教徒にとって週の初めの日＝日曜日は主イエス・キリストが復活した大切な日。信者はこの日を「主日」と呼び、教会堂でおこなわれる礼拝（ミサ）に足を運んで、そこに臨在する神と交流する。

　聖書の朗読、祈祷（お祈り）、聖歌（讃美歌）斉唱、神父や牧師の説教と祝祷があり、教会活動のためお金を集める献金の時間もあるのがふつう。また、上述の最後の晩餐に由来する儀式、すなわち、キリストのからだであるパンとぶどう酒（液）を分ける儀式もおこなわれる＊。

　パンとぶどう酒を信者に分ける儀式は、カトリックではミサ、正教会では聖体礼儀、プロテスタントでは聖餐式（主の晩餐、聖晩餐）などと呼ばれる。とくにカトリックと正教会では、パンとぶどう酒が実際にキリストの体（聖体）に変化すると解釈するため、ひじょうに神聖な宗教儀式となっている。祭壇は司祭（聖職者）によってその厳粛な儀式がおこなわれる場であり、カトリック教会や正教会の教会堂で、祭壇やご聖体のおかれた場所（内陣、至聖所）にみだりに立ち入ることができないのはそのためである。

　カトリックと正教会では、礼拝の中心をこの聖体を拝領することにおくのに対して、プロテスタントでは、聖書のことばを聴くことにおくのが特徴。プロテスタントでも聖餐式は大切な儀式であることに変わりはないが、象徴的なものであり、パンとぶどう酒が実際にキリストの体に変化するとは考えない。

信者ではない人が、礼拝に参加していいの？

　この質問への答えは、イエス。

　たとえキリスト教の知識がなくても、お祈りしたいという気持ちがあり、他人の信仰に対する敬意をもっているなら、礼拝への参加は歓迎してもらえるはず。

　開始時間は教会によって違うが、一般に日曜9〜12時の間にメインの礼拝がおこなわれ、所要時間は1時間〜1時間半程度（正教会では2時間を超すことも）。

　一般的には、節度ある服装で開始15分前までに受付に行くか、案内係に声をかけて指示を仰ぐとよい。遅刻や途中退席は原則不可と考えて。聖書など持ち物は不要だが、任意の献金用のお金として500円玉やきれいなお札を準備しておく

＊ この儀式の頻度は個々の教会によって異なる

とまごつかずにすむ。

　なお、キリスト教には非信者にも要求されるような特別な「礼拝作法」はない。アナウンスで指示される動作（立つ、座る）以外の信仰的な行為は不要。たとえば十字を切る信者が隣の席にいるから自分も同じように十字を切らないと失礼、などと考える必要はない。

十字架とシンボル（モノグラム）

ラテン十字
縦の部分の下部が長い十字。教派を問わず、キリスト教でもっとも一般的な十字

ギリシャ十字
縦と横の長さが同じ十字。東方教会でよく用いられる

キリスト磔刑像
はりつけにされたイエスがついた十字架

復活のキリスト像
死から3日目に復活したキリストの姿

XP
ギリシャ語読みでキーロー。救い主（キリスト）を表すΧριστόςの最初の2文字

アルファ（A）とオメガ（Ω）
最初と最後。永遠の存在である神とイエス・キリストの象徴

IHS
イエスを表す3文字。祭壇の掛け布などに刺繍されることも

三位一体
父と子と聖霊からなる「三位一体」は正統的キリスト教の教義。3つの円、三角などで表される

ハト
聖霊の象徴。聖霊は炎のかたちでも表される

ぶどう
イエス・キリストのシンボルのひとつ

イエスのみ心
イエスの心臓。全人類に対する神の愛の象徴

ユリ
純潔・無垢・処女性の象徴

イラスト／Yagitani

本書に登場する文化財指定　（アイコン内の数字は、登録年を示す）

世界遺産	ユネスコ世界遺産	国宝	国宝
重文	重要文化財	有文	国登録有形文化財

礼拝（ミサ）時間および教会堂の見学対応につきましては、各教会のウェブサイトで最新情報をご確認ください

1862年献堂の横浜天主堂（現・カトリック山手教会）につづいて建設された、近代日本で2番目の天主堂。1865年2月19日に献堂式がおこなわれ、日本26聖人殉教者[※1]にささげられた。日本使徒座代理区、日本南緯使徒座代理区、および長崎司教区の司教座聖堂（1866〜76年、1880〜1961年）。2016年4月26日付で教皇庁典礼秘跡省の認可を受け、日本ではじめて「小バジリカ[※2]（Basilica Minor）」の称号を付与された

長崎県

カトリック **大浦天主堂**

潜伏キリシタン発見の場となった
教会堂唯一の国宝建築

＊1 日本26聖人殉教者　豊臣秀吉の命令により、1597（慶長元）年に長崎の西坂で十字架刑に処せられた26名のカトリック信者。
1862年に列聖　＊2 バジリカ　歴史、芸術、宗教的に重要な教会に与えられる称号

現存する最古の洋風教会建造物として1933年に重要文化財（旧国宝）、1953年国宝に指定。1884年に没したプチジャン司教は、この中央祭壇前の床下に埋葬されている

入り口に建つ「日本之聖母」像。約250年潜伏していた信徒の発見を記念して、1866年にフランスから贈られたもの

（左）洗礼盤（洗礼の儀式に使う聖水を入れるための容器）
（右）1879年の改築時に設置されたステンドグラスの1枚。木製のフレームに色ガラスをはめ込んだもので、日本最古ともいわれる

　まだキリスト教の信仰が禁じられていた1864（元治元）年、長崎・南山手の居留地に、外国人向けの教会として大浦天主堂は建立されました。この聖堂を浦上村の潜伏キリシタンが見学におとずれ、パリ外国宣教会のプチジャン神父[*1]（のち司教）に先祖伝来の信仰を告白したのは1865年3月17日（元治2年2月20日）のこと。「信徒発見」と呼ばれるこのできごとはキリシタン復活の端緒となりましたが、1873（明治6）年に禁教政策が廃止になるまで、「浦上四番崩れ」[*2]などの新たな迫害を招くことにもなりました。聖堂は1879（明治12）年に増改築し全体をゴシック風に統一、ほぼ現在の姿に。観光客の増加で司牧[*3]に適さなくなったことから、1975（昭和50）年には隣接地に信徒のための新しい大浦教会が建設されました。年に2度、信徒発見の記念日とクリスマスイブに厳かなミサがささげられています。

information

カトリック長崎大司教区 **大浦天主堂**　世界遺産 2018　国宝 1953

教会堂名	日本26聖人殉教者
設計者	フューレ神父、プチジャン神父
建築年	1879年（初代は1864年）
構造	木造、レンガ造
住所	長崎県長崎市南山手町5-3
アクセス	JR長崎駅から市電乗車、「新地中華街」乗換、「大浦天主堂」下車、徒歩5分

*1 ベルナール・プチジャン Bernard-Thadée Petitjean 1829-1884 カトリック・パリ外国宣教会司祭。フランスから1862年来日。日本代牧区司教となり国内の宣教を指導。長崎で永眠　*2 浦上四番崩れ 1867（慶応3）年にはじまったキリスト教禁教時代最後の弾圧事件。長崎・浦上村民約3,400名が尾張以西20藩に流配となり、津和野では37名が殉教した　*3 司牧　聖職者が信徒を教え導くこと。プロテスタントでは牧会という

長崎県

02

カトリック **黒島教会** 黒島天主堂

佐世保沖の離島に建つ
赤レンガ聖堂は
揺るぎない信仰のあかし

佐世保沖に浮かぶ黒島は、江戸時代に各地からキリシタンが移住した、潜伏キリシタンの島でした。1865（元治2）年の「信徒発見」をきっかけに島の信者が大浦天主堂をおとずれ、600名の信者がいることを司祭に報告。1872（明治5）年には黒島で初ミサがささげられました。1878（明治11）年からは平戸よりA.C.A.ペルー神父[*1]が巡回し、2年後、名切地区に木造の小聖堂を建築。1897（明治30）年には初代主任司祭J.F.マルマン神父[*2]が来任して小教区[*3]が発足します。すでに伊王島の馬込に聖堂を建てていたマルマン師は、黒島でも設計の図面を引き、資金を集め、信徒らを励まして新聖堂の工事にかかります。資金難で中断しつつも、総額1万5千円の工費で天主堂が完成、1902（明治35）年に献堂式を迎えました。いまも島民の7割が信者といわれ、島のカトリック共同墓地には信徒とともにマルマン神父が眠っています。

ロマネスク風の外観をもつ黒島天主堂。基礎に黒島産の御影石を積み、内陣には有田焼タイルが敷かれている。使用されたレンガは40万個、その一部は信徒たちが焼き上げた

内部は柱列により身廊と側廊に分かれる三廊式。ゴシック様式の手法をリブ・ヴォールト天井などに導入した一方、アーチはすべてロマネスク風の半円形となっている。祭壇や説教壇はマルマン神父が自ら作成したもの。天井やリブなどの木目は、刷毛で描かれている。2021年に耐震・修復工事が終了

半円筒形のアプス（後陣）を飾るバラ窓

information

カトリック長崎大司教区
黒島教会 黒島天主堂

世界遺産	重文
2018	1998

教会堂名	イエスのみ心
設計者	マルマン神父
建築年	1902年
構造	木造、レンガ造
住所	長崎県佐世保市黒島町3333
アクセス	佐世保・相浦港から島まで船で50分、黒島白馬港から徒歩30分

＊1 アルベール・ペルー Albert Charles Arsène Pélu 1848-1918 カトリック・パリ外国宣教会司祭。フランスから1872年来日。主に長崎で司牧のほか聖堂の設計指導にあたる。長崎で永眠　＊2 ジョゼフ・マルマン Joseph Ferdinand Marmand, 1849-1912 カトリック・パリ外国宣教会司祭。フランスから1877年来日。五島や黒島などで司牧。黒島で永眠　＊3 小教区　カトリック教会の基本となる、地理上の最小単位。各信徒が所属する共同体（教会）のことで、主任司祭の管理のもと、通常の教会活動はこの小教区ごとに営まれる

漆喰仕上げ4分割のリブ・ヴォールト天井を有する三廊式で、中央祭壇には右に聖フランシスコ・ザビエル（→p.35）、左に幼いイエスの聖テレジアの像が飾られている

③

カトリック **青砂ヶ浦教会** 青砂ヶ浦天主堂

正統派の重厚さと優美、
上五島を代表する
赤レンガ聖堂

長崎県

ステンドグラスはフランスから、レンガは佐世保、石材は頭ヶ島から船で運ばれたという

上五島で最大の島、中通島の奈摩湾を見下ろす丘の中腹に端正な姿を見せる聖堂。外海地方から移住したキリシタンの子孫たちは、「信徒発見」後に大浦天主堂と連絡をとり、鯛ノ浦の信者・ドミンゴ森松次郎[*1]を中心に信仰の復活を表明。1867（慶応3）年には森宅でJ.A.クーザン神父[*2]により初ミサがあげられました。当地に小さな聖堂が建ったのは1878（明治11）年。1900（明治33）年に小教区（→p.19）となり、上五島の中心教会に。3代目となる現在の聖堂は大崎八重神父[*3]の代、「奈摩内天主堂」として1910（明治43）年に献堂されました。鉄川与助が野首天主堂（→p.44）の次に手がけたレンガ造建築で、当時50戸の信徒たちは総出で資材を浜から背負って運び上げ、この美しい天主堂をつくりました。単層から重層になった屋根構成、高くなった天井、濃色レンガを用いた壁面の意匠化などに、与助の技術の向上を見ることができます。

奈摩湾東部の高台に、西を向いて建つ

information

カトリック長崎大司教区
青砂ヶ浦教会 青砂ヶ浦天主堂

重文
2001

教会堂名	大天使聖ミカエル
設計者	鉄川与助
建築年	1910年
構造	レンガ造
住所	長崎県南松浦郡新上五島町奈摩郷1241
アクセス	青方バスセンターから西肥バス立串行きで20分、「青砂ヶ浦天主堂前」下車すぐ

*1 ドミンゴ森松次郎 1835-1902 五島・鯛ノ浦出身のカトリック信者。信徒の立場から神父を助け、生涯布教に奉仕した。長崎で永眠　*2 クーザン Jules-Alphonse Cousin 1842-1911 カトリック・パリ外国宣教会司祭。フランスから1865年来日。初代長崎司教。長崎で永眠　*3 ヨゼフ大崎八重　天草出身。1899年司祭叙階。主に上五島で司牧。1931年、飽の浦で永眠

04

カトリック **田平教会** 田平天主堂

美しい平戸瀬戸を望む
高台に建つ
鉄川与助最後の
赤レンガ聖堂

長崎県

九州本土、平戸の対岸に位置する田平町。旧くは平戸藩に属したこの地は、かつて原野でした。1886（明治19）年に出津のド・ロ神父[*1]、黒島のラゲ神父がここに土地を購入し、合計7家族を移住させたのを皮切りに、五島列島などからもカトリック信者が入植。当地を豊かな農地に開墾し

てゆきます。1888（明治21）年には仮聖堂が建設。教会が大きく発展したのは1914（大正3）年に着任した中田藤吉[*2]神父の代で、中田師は本格的な聖堂建設のため奔走。フランスからの献金や千人ほどの信徒の労力奉仕により、着工から2年以上の歳月をかけて、1918（大正7）年に現在の天主堂が献堂

三廊式、板張り4分割のリブ・ヴォールト天井をもつ。中央祭壇の上部には
「み心のイエス」像が安置されている

鉄川与助独特のデザインである八
角形ドームの鐘塔が、海を向いて
丘陵地にそびえたつ田平天主堂。
瀬戸山天主堂、南田平天主堂とも
呼ばれた。現在までに田平教会の
受洗者数は6千名以上、22名の司祭
を輩出している

されました。鉄川与助の手によるレンガ造
聖堂としては最後のもので、焼き色の異な
るレンガを多彩な手法で積みあげ、一部に
石材も利用しながら装飾材としてのレンガ
を極めつくした傑作です。

information

カトリック長崎大司教区 　重文
田平教会 田平天主堂 　2003

教会堂名	日本26聖人殉教者
設計者	鉄川与助
建築年	1918年
構造	レンガ造、木造
住所	長崎県平戸市田平町小手田免19
アクセス	JR佐世保駅から松浦鉄道「たびら平戸口駅」下車、西肥バス肥首行き乗車、「天主堂前」下車、徒歩すぐ

*1 マルク・マリー・ド・ロ Marc Marie de Rotz 1840-1914 カトリック・パリ外国宣教会司祭。フランスから1868年来日。主に外海地方で司牧、社会福祉活動に尽力。長崎で永眠　*2 イグナシオ中田藤吉 1872-1956 カトリック司祭。五島や平戸で司牧。田平で永眠

内部は単廊式で、天井は二重の持送りによって折上げられたハンマー・ビーム架構。重厚な外観とは対照的に、内部は明るく華やかな雰囲気。パステルカラーに彩られた花や葉のモチーフが随所に用いられている

カトリック 頭ヶ島教会 頭ヶ島天主堂

五島石を信者たちが積み上げた
鉄川与助唯一の石造聖堂

長崎県

西日本唯一の、そして鉄川与助唯一の石造りの教会堂。大崎神父はまず司祭館を石で建て、手応えを感じて与助に石造聖堂を発注したという。現在は鯛ノ浦教会の巡回教会となっている

花柄を基調とした愛らしい装飾から、「花の御堂」とも呼ばれる石造りの小聖堂。五島列島の最東端にあるここ頭ヶ島は、かつて無人島でした。西隣の中通島・鯛ノ浦地区のキリシタンがこの島に移住しはじめたのは1859（安政6）年のこと。布教の拠点とされた時代もありましたが、迫害の時代が到来して島はふたたび無人に。1873（明治6）年の禁令解除を機に人びとは帰島し、1887（明治20）年に最初の聖堂を建立します。現在のロマネスク様式の聖堂は、大崎八重神父（→p.21）の指導のもと鉄川与助の設計で1910（明治43）年に着工し、1919（大正8）年に献堂式を迎えました。10年の歳月を要したのは、資金難による中断があったため。信徒たちは浄財をささげ、さらに島内の採石場などから五島石（砂岩）を切り出して建設労働に従事しました。聖堂とその周辺は、数少なくなった信徒たちによりいまも美しく保たれています。

教会から浜へくだる中途にある、頭ヶ島のキリシタン墓地。十字架を載せた墓石が海を向いて並ぶ

information

カトリック長崎大司教区
頭ヶ島教会 頭ヶ島天主堂　世界遺産2018　重文2001

教会堂名　聖ヨセフ
設計者　鉄川与助
建築年　1919年
構造　石造
住所　長崎県南松浦郡新上五島町友住郷頭ヶ島638
アクセス　有川港からバスで約30分、「頭ヶ島天主堂」下車、徒歩5分

06

旧カトリック 五輪教会堂
<ruby>五輪<rt>ごりん</rt></ruby>教会堂

五島・久賀島にたたずむ
明治の木造聖堂

長崎県

険しい山を背にして、奈留瀬戸に面した
小さな漁港のわずかな平地にたたずむ旧
五輪教会堂。五輪地区には現在でも車の
入る道がないため、訪れる人は途中で車
を降りて山道を歩くか、海上タクシーな
どを利用する。少なくなった信徒のため
にいまも浜脇から司祭が巡回し、新聖堂
で月に1度ミサがささげられている

　　島列島の久賀島（ひさかじま）に建つ、木造教会堂
五　の遺構。キリシタン弾圧後、やっと
信仰の自由を得た久賀島の信徒たちは、
1881（明治14）年、島の西側にある田ノ浦
にはじめての聖堂を建てました。しばらく
浜脇天主堂として使われてきましたが、
1931（昭和6）年に新聖堂を建てることにな
り、古い聖堂は解体されて船により島の東
湾へ。こうして、それまで会堂をもたなか
った五輪集落にやってきたのがこの建物で

す。長崎県にある教会堂建築としては、大
浦天主堂（→p.14）に次ぐ古さ。外観は日本
家屋ながら内部はゴシック様式となってお
り、当地の教会堂建築の歴史をものがたる
貴重な遺構です。長年、五輪地区と蕨小島（わらびこじま）
の信徒の祈りの場となってきましたが、1985
（昭和60）年、教会堂としての機能は隣に建
てられた新しい会堂にゆずり、福江市（現・
五島市）に寄贈されました。

窓は尖塔アーチ形。下部は引分け窓となっており、雨戸を格納する戸袋がついている。移築の際にとくに改修をしていないことから、創建当時の姿を残している

三廊式で板張り8分割のリブ・ヴォールト天井を有する空間構成。内陣の手前にある聖体拝領台の装飾が美しい

教会近くの斜面にある五輪墓地。帰天した信者たちが静かに眠る

information

旧所属・カトリック長崎大司教区
五輪教会堂

世界遺産	重文
2018	1999

教会堂名　聖ヨセフ
設計者　　不詳
建築年　　1881年竣工　1931年移築
構造　　　木造
住所　　　長崎県五島市蕨町993-11
アクセス　福江港から船で20分。田ノ浦港から
　　　　　タクシー40分、そこから徒歩で10分下る

07

カトリック **馬込教会** 馬込天主堂
^{まごめ}

長崎・伊王島
海を見下ろす
白亜のゴシック聖堂

長崎県

三廊式で板張り8分割のリブ・ヴォールト天井をもつ。太いリブと太い円柱が馬込の特徴。島の名から「沖ノ島教会（天主堂）」とも呼ばれ、大天使聖ミカエルを保護の聖人としている

北東方向に角力灘を臨む馬込天主堂
は、伊王島湾と長崎湾を結ぶ高速船
からもよく見える島のシンボル。正
面の鐘塔は中央に8角形の尖塔をも
ち、左右に小尖塔を従えている。島
は現在、長崎市本土とも橋でつなが
ったが、かつてはキリシタンが潜伏
するのに適した場所だった

かつては炭鉱の島、いまは長崎市内から車で30分のリゾート地として知られる伊王島。この島は伊王島と沖ノ島の2島からなり、沖ノ島に雄壮な姿を見せるのがこの馬込天主堂です。かつて島には禁教時代にキリシタンがかくれ住み、はやくも1871（明治4）年には馬込集落の椎山に「大天使聖ミカエル小聖堂」が建てられたといいます。迫害とキリスト教解禁の後、北の伊王島・大明寺集落にはA.ブレル神父[*2]が来任、1880（明治13）年に大明寺教会（のち明治村に移築）を建立。南の沖ノ島・馬込集落には1888（明治21）年にJ.F.マルマン神父が着任、2年後レンガ造の本格的聖堂を建て、ほどなく馬込教会が伊王島の主任教会[*3]に。しかし聖堂は台風などにより倒壊。現在の鉄筋コンクリート造の天主堂が再建されたのは1931（昭和6）年のことでした。島民はカトリック信者の比率が高く、多数の聖職・修道者を輩出しています。

（上）入り口の扉のガラスには十字のしるし。海の向こうには長崎の本土が見える
（中）1931年10月18日の主日に早坂久之助[*1]長崎司教により祝別された。早坂司教は耐久性のあるコンクリート造教会堂の建造を推進し、1929年以降の3年間に6棟の新築を実現。この馬込と同じ年には、平戸（→p.34）、浜脇、三浦町（→p.40）の聖堂が落成している
（下）貝殻を用いた聖水盤。司祭が祝別した水（聖水）が入っている。信者は聖堂に入退場するとき、ここに指をひたして十字をきる習慣がある

information

カトリック長崎大司教区	有文
馬込教会 馬込天主堂（沖ノ島天主堂）	2000

教会堂名	大天使聖ミカエル
設計者	J.F.マルマン
建築年	1931年
構造	鉄筋コンクリート（RC）造
住所	長崎県長崎市伊王島町2-617
アクセス	伊王島港ターミナルから徒歩10分

*1 ヤヌアリオ早坂久之助（はやさか きゅうのすけ）1883-1959 仙台生まれ。カトリック司祭。主に東北地方で司牧。日本人初の司教となり、1928〜1937年長崎司教　*2 オーギュスト・ブレル Auguste-Florentin Bourelle 1847-1885 カトリック・パリ外国宣教会司祭。フランスから1876年来日。主に上五島で司牧。海難事故により永眠　*3 主任教会 司祭が定住する小教区で、巡回教会をもつ教会

08

カトリック

平戸ザビエル記念教会
（ひらど）

ザビエルの像が見守る
美しい聖堂

長崎県

垂直線を強調したいくつも
の白い小尖塔が特色。資金
難のため片側にしか八角塔
をつけられず、左右非対称
の形状となっている

祭壇上部には、ザビエルの生まれたザビエル城、そして日本の守護者でもある大天使聖ミカエルの像がある

平戸島の中心部にある商店街をぬけ、石段と石畳の坂道をのぼってゆくと、光明寺、瑞雲寺の瓦屋根に重なるように教会の尖塔が見えてきます。外側は淡いグリーン、内側は淡いイエロー、それぞれ白とのコントラストが美しい、ゴシック様式の聖堂です。鏡川地区に位置するこの平戸教会は、移住者によって信徒が増えたことにより、当時平戸北部唯一の教会だった神崎教会（現・上神崎教会）から司祭が巡回する教会として発足しました。現在の聖堂が献堂されたのは、1931（昭和6）年。1971（昭和46）年にザビエル*の3度の平戸訪問を記念してフランシスコ・ザビエルの像が聖堂の脇に建てられたことから「聖フランシスコ・ザビエル記念聖堂」とも呼ばれるように。2004年に「平戸教会」から「平戸ザビエル記念教会」と正式に改称しました。

（左）教会は平戸市街地の高台に位置し、「寺院と教会の見える風景」は平戸を代表する景観のひとつ。手前に建つのは光明寺
（右）ザビエルは1549年の聖ミカエルの祝日9月29日に、島津貴久公から日本宣教の許可を得た

information

カトリック長崎大司教区
平戸ザビエル記念教会

教会堂名	大天使ミカエル
設計者	末広設計事務所
建築年	1931年
構造	鉄筋コンクリート（RC）造
住所	長崎県平戸市鏡川町259-1
アクセス	松浦鉄道たびら平戸口駅から西肥バス、「平戸市役所前」下車、徒歩5分

＊フランシスコ・ザビエル Francisco Xavier 1506-1552 日本に渡来した最初のカトリック・イエズス会司祭。スペイン・バスク地方出身。1549〜1551年山口・平戸などで宣教。広東港外で客死。1622年列聖

長崎県

09

カトリック 黒崎教会

無原罪の聖マリアが迎える
かくれキリシタンの里の教会

「陸の孤島」と呼ばれた外海地区に、はじめてキリスト教が伝えられたのは1571（元亀2）年のことでした。弾圧のなかで信仰を守った人びとのもとに、ふたたびカトリックの司祭が訪れたのはおよそ250年後の1867（慶応3）年。1879（明治12）年には、パリ外国宣教会のマルコ・マリー・ド・ロ神父（→p.23）が外海に来任し、出津に1つめの天主堂を建立。そこから南東に4キロ離れたここ黒崎が、外海地区の2つめの小教区として、1887（明治20）年に独立します。ド・ロ神父の指導のもとで聖堂建設が計画され、1897（明治30）年から3年をかけて敷地を造成したものの、資金難のため建設工事は中断。その後、子どもも含めた信徒らがひとつひとつレンガを積み上げ、計画開始から23年後の1920（大正9）年、現在の聖堂が献堂されました。

西彼杵半島の角力灘を臨む
高台に建つ。両手を広げた
無原罪の聖母像がやさしく
迎えてくれる

基本はロマネスク様式だが、内部はリブ・ヴォールト天井を有する。全
長約40メートル、床面積は532平方メートルあり、平戸の紐差教会
(→p.42)に次ぐ規模を誇る

西彼杵郡外海町は2005年に長崎市に編入され、黒崎集落は長崎市上黒
崎町となった。外海は禁教時代にキリシタンが迫害を逃れてかくれ住
んだ場所。遠藤周作の小説『沈黙』の舞台となったことで知られ、近
くに遠藤周作文学館がある

information

カトリック長崎大司教区
黒崎教会 世界遺産 2018

教会堂名	イエスのみ心
設計者	ド・ロ神父
建築年	1920年
構造	レンガ造
住所	長崎県長崎市上黒崎町26
アクセス	JR長崎駅前からバス、「黒崎教会前」下車、徒歩2分

10

カトリック 大野教会

外海の高台の森にたたずむ
「ド・ロ壁」の小さな聖堂

長崎県

ロザリオの聖母を保護者とする、出津教
会の巡回教会（ミサは年に1回）。マリア
像の建つ庭からは五島列島が遠望できる

外海地区の出津教会から北に4キロほど離れた、下大野町の細い山道沿いに建つ教会です。出津まで足を運ぶことのむずかしい神浦・大野地区の信徒26戸のために、出津教会主任司祭ド・ロ神父（→p.23）がみずからこの教会を設計。千円の建設費は神父の私財で賄い、信徒らの労力奉仕により1893（明治26）年に完成しました。創建当時は聖堂のみでしたが、1926（大正15）年に司祭部屋が増築されて現在の姿に。一見すると地域の家屋と変わりない和風建築ながら、上部が半円アーチ型となった窓枠に西洋の雰囲気がただよいます。地元の玄武岩の割り石を漆喰モルタルで固めた通称「ド・ロ壁」と呼ばれる丈夫な壁が特徴。ド・ロ神父の建築技法がいまなお残る遺構として貴重な建物です。

information

カトリック長崎大司教区　大野教会 大野教会堂　世界遺産 2018　重文 2008

教会堂名	ロザリオの聖母
設計者	ド・ロ神父
建築年	1893年
構造	石造
住所	長崎県長崎市下大野町2619
アクセス	JR長崎駅からバス、「大野」下車、徒歩約15分

（上）会堂周りの3面がド・ロ神父の考案した「ド・ロ壁（ド・ロ様壁）」で作られている。窓の上部は半円アーチ型で、下部には木製の雨戸がつく
（下）和風な竿縁天井をもつ、幅6メートルほどの簡素な小聖堂

カトリック 三浦町教会

3本の尖塔が天をつらぬく
佐世保のランドマーク

長崎県

佐世保駅前の小高い丘の上にそびえ立つ、ゴシック様式の聖堂。小教区（→p.19）として発足したのは1897（明治30）年、谷郷町に初代の佐世保天主堂が建てられました。昭和に入り、最初の邦人司教となった長崎教区の早坂久之助（→p.33）司教は、佐世保を県北の拠点にとの意向から聖

堂の新築移転を命じます。当時の主任司祭脇田浅五郎師*（のち横浜司教）は建設資金の調達のため全国をまわって浄財を集め、1931（昭和6）年12月8日の無原罪の聖母の祝日に現聖堂が献堂式を迎えました。イエスのみ心にささげられたことから、「聖心天主堂」とも呼ばれます。軍港である佐世保

三廊式の教会堂で、8分割のリブ・ヴォールト天井を有する。白い壁と天井はステンドグラスの光でほのかに彩られる

（上）JR佐世保駅前の高台に威容を誇る三浦町教会。ジグザグの細い階段をのぼってゆくと、白い「み心のイエス」像が出迎えてくれる（下）愛らしい花模様のステンドグラス

港の周辺施設を一望できるため、第2次大戦下には厳しい監視の目が向けられ、空襲の目標となることを避ける名目で外壁を真っ黒に塗装されたことも。1945年6月の佐世保大空襲では幸い被害をこうむることなく、戦後に三浦町教会と改称し現在に至ります。

information

カトリック長崎大司教区
三浦町教会

教会堂名	イエスのみ心
設計者	不詳
建築年	1931年
構造	鉄筋コンクリート（RC）造
住所	長崎県佐世保市三浦町4-25
アクセス	JR「佐世保」駅から徒歩5分

＊トマス脇田浅五郎 1881-1965 長崎県久賀島生まれ。カトリック司祭。長崎、熊本などで司牧。1947〜1951年横浜司教

カトリック 紐差教会

平戸の丘に建つ、壮大な白亜の聖堂

長崎県

1550（天文19）年にフランシスコ・ザビエル（→p.35）が来訪した、平戸島。ザビエルは1か月ほどのうちに約100名に洗礼を授けたといいます。禁教時代を経て、大浦での信徒発見後、ふたたび当地にも宣教師が訪れるようになりました。1878（明治11）年、パリ外国宣教会ペルー神父（→p.19）によって石原田と田崎に仮聖堂が建てられ、1880（明治13）年に小教区（→p.19）が設立。2年後に初代主任司祭エミール・ラゲ師*が着任し、教会と司祭館が田崎から紐差に移されました。1885（明治18）年には、現在地に平戸最初の天主堂が建てられ、島の中心教会に。そして1929（昭和4）年、荻原浩神父の代に鉄川与助設計・施工による現在の教会堂が建立。与助にとっては手取天主堂（熊本市）に次ぐ2作目の鉄筋コンクリート造教会堂となりました。長崎県北部で最大規模の信徒数をもち、170名を超える司祭、修道士、修道女を送りだしています。

平戸大橋から約20キロ、平戸島の中心部に位置する2階建ての聖堂。上階部分が礼拝堂となっている。この聖堂の新築にともない解体された木造の旧聖堂は、佐賀県の馬渡島に移築され、その際に塔を新しく取りつけ、いまも用いられている

白を基調とした内部。35メートルほどの奥行きをもつ折上げ天井（船底天井）には、花や草模様のパターンが美しくあしらわれている

information

カトリック長崎大司教区
紐差教会

教会堂名	十字架称賛
設計者	鉄川与助
建築年	1929年
構造	鉄筋コンクリート（RC）造
住所	長崎県平戸市紐差町1039
アクセス	JR佐世保駅から平戸までバス乗車80分、「平戸桟橋」下車、同バス停乗換で「紐差」下車（30分）

2連の半円アーチ窓と円窓から、ステンドグラスを透過した原色の光が差し込む

＊エミール・ラゲ Émile Raguet 1854-1929 カトリック・パリ外国宣教会司祭。ベルギーに生まれ、1879年来日。長崎ほか主に九州で司牧。新約聖書の翻訳でも知られる。東京で永眠

長崎県

13

旧カトリック 野首(のくび)教会

無人の丘に遺された
鉄川与助初のレンガ造教会

　五島列島の北、小値賀島(おぢかじま)の2キロ東に浮かぶ野崎島(のざきじま)。18世紀の末、風が強く平地の少ないこの島に移住してきたのは、外海(そとめ)の潜伏キリシタンだったといわれます。弾圧を受けた時代を経て、島の中央部に位置する野首集落の信徒たちは、1882（明治15）年に初代となる木造の会堂を建設。そ

の後集落の17戸が結束し、貧しい暮らしのなかで2300円ほどの費用を捻出、1908（明治41）年に新しい聖堂を建て上げます。中田藤吉神父（→p.23）の依頼により、当時29歳だった鉄川与助が設計・施工した、はじめてのレンガ造教会堂となりました。戦後は650名ほどが暮らしていた島も過疎化

三廊式、漆喰仕上げ4分割のリブ・ヴォールト天井をもつ旧野首天主堂。修復された尖頭アーチのステンドグラスからもれる光が美しい

丘の上に建つ天主堂は、ほぼ創建当時の原形が保たれている。島は西海国立公園の一部となっており、野崎島を含む小値賀諸島は2011年に国の重要文化的景観に選定された

堂崎天主堂（福江島）でレンガ造を習得した与助が、棟梁としてはじめて設計と施工を同時に手がけた。五島の教会堂が木造からレンガ造へと変化する時期の遺構としても貴重

が進み、1971（昭和46）年には野首集落最後の6家族が離島。信徒のいなくなった天主堂は一時荒廃しましたが、その後小値賀町によって全面改修され、現在は島の観光や宿泊も可能になっています。

※2023年10月〜2025年6月まで大規模保存修理工事予定

information

旧所属・カトリック長崎大司教区
野首教会　世界遺産 2018

教会堂名	聖フランシスコ・ザビエル
設計者	鉄川与助
建築年	1908年
構造	レンガ造
住所	長崎県北松浦郡小値賀町野崎郷野首
アクセス	小値賀港から町営船で35分、野崎港下船、徒歩20分

大天使聖ミカエルを保護の聖人とする今
村天主堂は、当地で崇敬されていた江戸
時代の殉教者・ジョアン又右衛門の墓の
上に建てられた。軟弱な地盤のため基礎
工事には困難を極めたという

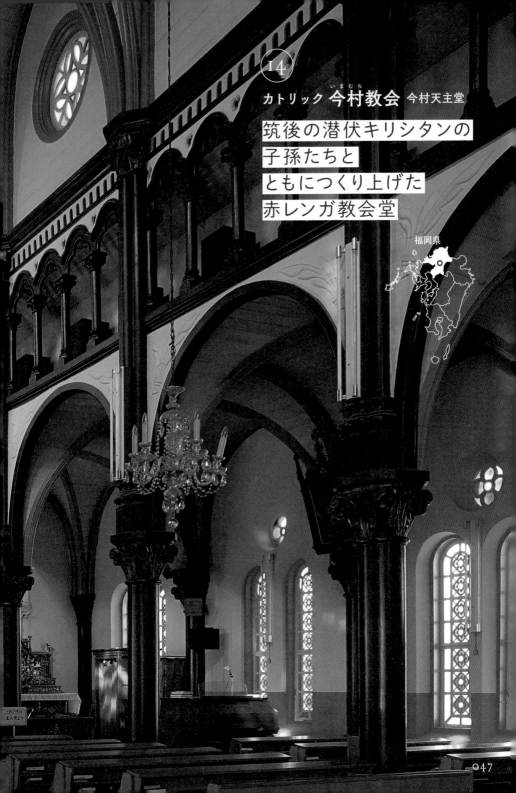

14

カトリック **今村教会** 今村天主堂

筑後の潜伏キリシタンの子孫たちとともにつくり上げた赤レンガ教会堂

福岡県

献堂から1世紀を超えた今村天主堂。高さ
22.5メートルの双塔をもつロマネスク風
の赤レンガ建築は、鉄川与助の最高傑作
であるとともに、旧キリシタンの末裔で
ある今村信徒の信仰のあかしである

内部の立面は下方よりアーケード、トリフォリウム（装飾帯）、クリアストリー（高窓）の三層から成りたっている

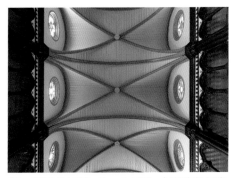

美しい曲線を描くリブ・ヴォールト天井。今村天主堂は日本人棟梁が設計施工したリブ・ヴォールト天井を有する教会堂の完成形として、高く評価されている

堂々たる2つの塔、高いリブ・ヴォールト天井、完全な三層構成。教会建築が完成の域に到達したとも評される荘重な聖堂が、筑後平野に建っています。ここ今村（現・三井郡大刀洗町）に潜伏するキリシタンが、長崎の信者たちに発見されたのは1867（慶應3）年のこと。1879（明治12）年に着任したパリ外国宣教会J.M.コール神父[*1]が、今村ではじめてのミサをささげます。2代目主任司祭のM.ソーレ師[*2]が1881（明治14）年に初代の聖堂を建て、6年後には信徒数が1,700名に。5代目の主任司祭となった本田保師[*3]は、1908（明治41）年に新聖堂の建築を計画して鉄川与助に依頼、またドイツの布教雑誌に寄稿し資金援助を呼びかけます。ドイツの信者やブラジルに移民した今村信者らの寄附、また教会員の労働奉仕によって、1913（大正2）年にこの天主堂が献堂されました。

※2022年より耐震耐震補強工事（工期約10年）のため内部見学不可

information

カトリック福岡司教区　重文 2015
今村教会　今村天主堂

教会堂名	大天使聖ミカエル
設計者	鉄川与助
建築年	1913年
構造	レンガ造
住所	福岡県三井郡大刀洗町大字今707
アクセス	西鉄甘木線「大堰」駅から徒歩30分

＊1 ジャン・マリー・コール Jean-Marie Corre 1850-1911 カトリック・パリ外国宣教会司祭。フランスから1876年来日。今村、熊本で司牧。熊本で永眠　＊2 ミシェル・ソーレ Michel Sauret 1850-1917 カトリック・パリ外国宣教会司祭。フランスから1879年来日。主に福岡、佐賀で司牧。久留米で永眠　＊3 パウロ本田保 1855-1932 長崎生まれのカトリック司祭。32年間今村教会の主任司祭を務める

福岡県

15 日本福音ルーテル 久留米(くるめ)教会

久留米に建つ
九州最古のヴォーリズ建築

宗教改革者マルティン・ルターの伝統を受け継ぐルーテル教会の日本伝道は、九州から始まりました。1893（明治26）年に、日本最初のルター派キリスト教会が佐賀県で誕生。つづいて在米デンマーク・ルーテル教会のJ.M.T.ウィンテル宣教師[*1]と日本人牧師・米村常吉(よねむらつねきち)が、隣県福岡の久留米で伝道を開始します。1901（明治34）年、小頭町(こがしらまち)に講義所が開設されて久留米教会はその歩みを始めました。現在地に移転して、1915（大正4）年に日善(にちぜん)幼稚園を開園。1929（昭和4）年にはルーテル教会初の自給(じきゅう)教会[*2]となります。1918（大正7）年、総工費1万3500円で竣工した現在の教会堂は、建

礼拝堂内部。聖壇の壁に接する
ゴシック調の飾り壁のついた聖
卓と、それを囲む聖餐柵は、北
米の一部のルーテル教会に見ら
れる会堂構成と共通する。聖卓
の横には洗礼盤が置かれている

終戦間際の久留米空襲の被害を免れ、いまも
大切に使われている。鐘塔上部の三角屋根は、
教会創立50周年の1951年に設置されたもの

教会献堂の経緯を記した記念版。大正7年11
月の日付がある

築家ヴォーリズが九州に遺した建築として
はルーテル博多教会に次いで2つめ、現存す
る教会堂としては九州最古のもの。階段下
の靴箱やカーブのついた2階の手すりにヴォ
ーリズらしさを感じます。伝統的なルーテ
ル教会のスタイルを伝える聖卓も貴重です。

information

日本福音ルーテル教会九州教区
久留米教会

教会堂名	―
設計者	ウィリアム・メレル・ヴォーリズ
建築年	1918年
構造	木造
住所	福岡県久留米市日吉町16-3
アクセス	JR「久留米」駅から徒歩18分 （または「井筒屋まえ」行きのバス乗車、 「六ツ門・シティプラザ前」下車、徒歩3分）

*1 ウィンテル Jens Michael Thøgersen Winther 1874-1970 デンマーク生まれのルーテル教会宣教師。1898年来日。米村常吉宅に下宿
した縁で米村と協働、おもに九州で宣教。神学校教授も務める。神戸で永眠　*2 自給教会　牧師の給与など諸経費を教会員の献
金で賄い、外部の援助に頼らない教会

16

カトリック 関口教会
<ruby>関口<rt>せきぐち</rt></ruby>

（東京カテドラル聖マリア大聖堂）

文京区の高台に
まぶしく輝く
モダンな大聖堂

東京都

天井の高さはおよそ39メートル、柱がなく、荒々しいコンクリート打放しの壁に囲まれた堂内は、旧約聖書の幕屋（移動式の神殿）を思わせる。東側にもうけられた祭壇に十字架の背後から外光が降りそそぐ。祭壇左手にある紋章のついた赤い座は、（大）司教の座る「カテドラ（司教座）」。東京教区の司教座聖堂であることから「東京カテドラル」と呼ばれる。2005年に没した設計者の丹下健三はこの大聖堂での葬儀ののち、地下納骨堂に葬られた

撮影／2016年

15 教区を有する日本のカトリック教
会のなかで、最大数の信徒をもつ
東京教区。その大司教座がおかれているの
がこの関口教会の大聖堂です。高い天井か
ら差し込む光、響きわたるオルガンの音―
―広々とした空間は、すみずみまでが厳粛
な祈りの場。始まりは、1887（明治20）年

にジャン・ピエール・レイ師*（のち東京大
司教）が現在地に開校した聖母仏語学校の
附属聖堂でした。1893（明治26）年に聖堂
は小石川聖マリア教会として独立、1899（明
治32）年には木造ゴシック様式の関口天主
堂が献堂され、翌年小教区として発足しま
す。1920（大正9）年に築地から大司教座が

カトリック東京大司教区
の中心教会にして、東京
を代表する現代建築のひ
とつ。2007年にステンレ
ス材の全面張り替えなど
の大改修をおこなった

（左）トップライトから、明るい自然光が降りそそぐ
（右）祭壇側から入り口をのぞむ。2階に見えるのは2004年に設置されたマシ
ョーニ・オルガン。音楽ホールに比べると長い残響時間をもつ大聖堂ならで
はの独特の音色を響かせる

移り司教座聖堂となりましたが、東京大空
襲で焼失。ドイツのケルン大司教区の支援
を受け、この斬新なデザインの大聖堂が献
堂されたのは1964（昭和39）年12月8日（無
原罪の聖母の祝日）のことでした。

information

カトリック東京大司教区
関口教会 東京カテドラル聖マリア大聖堂

教会堂名　無原罪の聖母
設計者　　丹下健三
建築年　　1964年
構造　　　鉄筋コンクリート（RC）造
住所　　　東京都文京区関口3-16-15
アクセス　東京メトロ有楽町線「江戸川橋」駅から
　　　　　徒歩15分

＊ジャン・ピエール・レイ Jean-Pierre Rey 1858-1930 カトリック・
パリ外国宣教会司祭。フランスから1882年来日。東京や静岡など
で宣教。東京大司教区の大司教（1912〜1926年）。長野県で永眠

17

日本ハリストス正教会
とうきょうふっかつ
東京復活大聖堂教会（ニコライ堂）

神田駿河台の丸いドームは
聖ニコライの偉業を伝える

東京都

ニコライ主教の依頼を受けたロシア人建築家ミハイル・シ
チュールポフが原設計、英国人建築家ジョサイア・コンド
ル（1852-1920）が実施設計を担当。1929年の復興設計者は
岡田信一郎（1883-1932）。写真の手前は聖所、イコノスタ
ス（聖障）の向こう側は至聖所と呼ばれ、聖堂のなかで最
も大切な宝座（→p.93）がおかれる

修復・耐震補強により、ネオ・ビザンチン様式のドーム（高さ35メートル）や鐘楼を形状変更。中2階と柱が新設されたが、基礎石積と分厚いレンガ壁の本体構造は創建当初のまま

（左）イコノスタスに描かれた「復活聖堂」の名のイコン。ハリストスの復活が描かれている
（右）ニコライ小聖堂の至聖所に配置された聖ニコライ大主教のステンドグラス

イイスス・ハリストス（イエス・キリスト）の復活を記念した正教会の大聖堂。7年の歳月と24万円の巨費（多くはロシアからの献金）をかけて建設された。正門アーチには八端十字（ロシア十字）と、ルカ福音書2章14節より「いと高きには光栄神に帰し」のロシア文字が見える

全国に60あまりの教会を有する日本ハリストス正教会の総本山。愛称の「ニコライ堂」は、日本に正教を伝え、この大聖堂を建立したロシア出身の大主教（のち聖人）の名に由来します。1872（明治5）年に函館から上京したニコライ[*1]師は、駿河台東紅梅町（現在地）の一角を入手して伝道の中心地とします。首都東京にふさわしい大聖堂が1891（明治24）年に竣工し、高台にそびえる偉容は東京名所のひとつともなりました。1923（大正12）年の関東大震災により鐘楼がドームに崩落し、聖堂内部を焼失しましたが、セルギイ大主教のもと4年をかけて再興。幸い戦災は免れ、1962（昭和37）には石造建築としてはじめて国の重要文化財に指定。1990年代に大修復をお

こない、現在の姿となりました。現在の鐘楼に創建時の高さはありませんが、巨大なドームと壮麗なイコノスタス[*2]はいまなお圧巻。祈りの時間に灯されたロウソクの光、聖堂に響き渡る聖歌の声は神秘的といえる美しさです。

information

日本ハリストス正教会教団東京大主教々区
東京復活大聖堂教会 ニコライ堂　重文 1962

教会堂名	東京復活大聖堂
設計者	M.シチュールポフ（原設計） J.コンドル（実施設計） 岡田信一郎（復興設計）
建築年	1891年
構造	レンガ造、石造、一部鉄筋コンクリート（RC）造
住所	東京都千代田区神田駿河台4-1-3
アクセス	JR「御茶ノ水」駅から徒歩2分、または東京メトロ千代田線「新御茶ノ水」駅から徒歩2分

＊1 ニコライ Nikolai 1836-1912 東方正教会最初の来日宣教師。司祭、大主教、聖人。ロシアから1861年来日。函館から東京に移り日本に正教会の教えを広めた。東京で永眠　＊2 イコノスタス　聖障。祭壇のある至聖所と、信者の立つ聖所との間にある、扉のついた仕切り壁（→p.9）

18

カトリック 目黒教会
（聖アンセルモ教会）

静謐と清貧、
日本の伝統と
融合したモダニズム

東京都

　　目黒駅にほど近い一角に、都会の喧噪から隔絶した静謐な空間があります。レーモンドが設計した聖アンセルモ教会[*1]。打放しのコンクリートに、斜めに入る自然光、金色の天蓋、総合的にデザインされた調度類――「教会が現代の人間にめぐり会えた」と評されたこの聖堂が献堂されたのは、1956（昭和31）年のこと。設計を依頼したのは、ベネディクト会の修道司祭ヒルデブランド・ヤイゼル師[*2]でした。師は戦争で閉鎖された修道院の再興を期して渡米。米国ミネソタ州・聖ヨハネ大修道院や米国人信者の支援を受け、1947（昭和22）年、現在地に聖アンセルモ修道院と目黒教会を設立します。当初予定された側面窓のステンドグラスや正面の壁のフレスコ画は実現せず、臨時処理として描かれた5つの円がいまも残っています。1999年より司牧は東京大司教区に移管。外国籍の信者も多く、国際色豊かな教会です。

側面のスリット窓から入る光、そして金色の天蓋と円形のモチーフが印象的。天蓋の金色は火を意味し、翼をひろげたような形は聖霊を表現している。祭壇、ロウソク台、聖櫃などもレーモンドのデザインによる。日本のカトリック教会ではめずらしく、聖母マリア（天の元后なる聖母）にろうそくをささげる一角がある

（上）四福音記者の象徴が刻まれた朗読台。右上から時計回りにマルコ（獅子）、マタイ（天使・人）、ヨハネ（鷲）、ルカ（雄牛）
（下）入り口近くの聖水盤

限られた敷地に複数の建物を建てるため、レーモンドは研究に2年をかけたという。交通至便なドレメ通りに位置し、CTICカトリック東京国際センターを併設

information

カトリック東京大司教区
目黒教会（聖アンセルモ教会）

教会堂名	聖アンセルモ
設計者	アントニン・レーモンド
建築年	1956年
構造	鉄筋コンクリート（RC）造
住所	東京都品川区上大崎4-6-22
アクセス	JR・地下鉄・東急「目黒」駅から徒歩3分

＊1 聖アンセルモ St.Anselm 1033-1109 イタリア生まれのベネディクト会修道士、神学者。祝日は4月21日　＊2 ヒルデブランド・ヤイゼル Hildebrand Yaiser 1901-1983 スイス生まれのベネディクト会司祭。1931年来日。目黒教会の主任司祭を30年務めた

カトリック
碑文谷教会（サレジオ教会）

イタリアの香りただよう
目黒・碑文谷のランドマーク

東京都

　フレスコ壁画に天井画、ステンドグラスや彫像など、カトリック芸術の宝庫といえる聖堂をもつのが、ここ目黒区の碑文谷教会。「サレジオ教会」という通称の示すとおり、サレジオ修道会（イタリアから1926年来日）によって設立された教会です。サレジオ会が現在の敷地を購入したのは

1947（昭和22）年末のこと。ルイジ・ダルフィオール神父*が着任してオラトリオ（日曜学校）を設置、2年後には目黒サレジオ幼稚園を開園。この幼稚園の保護者を中心に信者の共同体ができ、イタリアから多くの援助を得て1954（昭和29）年に現聖堂が落成、1967（昭和42）年に東京大司教区の小

聖堂にはイタリア産の大理石が使われている。フレスコ壁画と天井画は、1955年から7年をかけてミラノ出身のジャコモ・フェラーリ修道士が描いたもの

聖堂横・入り口の小祭壇上に掲げられた「江戸のサンタマリア」。この絵を所持していたシドッティ（シドッチ）神父は、2014年に東京の切支丹屋敷跡から遺骨が発見された

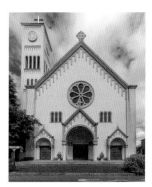

鐘楼は高さ36メートル、総建坪は317坪あり、献堂当時は国内の大型聖堂のひとつだった

教区（→p.19）となりました。この聖堂がささげられた「江戸のサンタマリア」とは、聖堂完成間際に東京国立博物館で発見された聖母画のこと。禁令下最後の潜入宣教師シドッティ師（1714年没）の所蔵品で、「親指の聖母」とも呼ばれ、碑文谷教会にも複製画が飾られています。

information

**カトリック東京大司教区
碑文谷教会（サレジオ教会）**

教会堂名	江戸のサンタマリア
設計者	不詳
建築年	1954年
構造	鉄筋コンクリート（RC）造、一部木造
住所	東京都目黒区碑文谷1-26-24
アクセス	JR目黒駅から大岡山小学校行きバス乗車、「サレジオ教会」下車、徒歩すぐ、または「学芸大学」駅・「都立大学」駅から徒歩15分

＊ルイジ・ダルフィオール Luigi Dal Fior 1913-2001 イタリア生まれ。1930年の来日後にサレジオ会司祭に叙階。サレジオ幼稚園初代園長、サレジオ会目黒支部院長を務める。歌の名手で多くの歌い手を育てた

⑳

東京女子大学チャペル
<ruby>東京女子大学<rt>とうきょうじょしだいがく</rt></ruby>

つつましき祈のうちに
42色の光が差し込むチャペル

東京都

正面の色ガラスはキリストの十字架をかたどる。祭壇の模様は右から葦（人間の弱さ）、百合（キリストの復活）、樫（強さ）。ぶどうのつるをモチーフとした七枝の燭台はキリストの身体を象徴している

清楚なチャペルは、東京女子大学キャンパスのシンボルのひとつ。正門の右手に位置し、手前のチャペルと奥の講堂とから成る。その塔は中央線の電車の窓からも見ることができる

キリスト教主義に基づく最高教育機関を東洋に—1910（明治43）年、イギリス・エディンバラで開かれた世界宣教大会において、その決議は下されました。そして北米プロテスタント諸教派の援助のもと、新渡戸稲造*1 初代学長、安井てつ*2 を学監に、1918（大正7）年に豊多摩郡淀橋町字角筈（現在の新宿）で開学したのがこの東京女子大学です。1924（大正13）年に豊多摩郡井荻村（現在地）に移転。アントニン・レーモンドにキャンパスの設計を依頼し、その総仕上げとなったのがこの1938（昭和13）年に落成した講堂・チャペルでした。日曜礼拝のあった時代（1940年12月まで）には、ここで受洗した学生も。壁3面から光が降りそそぐチャペルでは、学内者向けに毎朝15分の礼拝がおこなわれています。

壁面は四角い枠に円や十字の模様をはめ込んだコンクリート製のユニット（コンクリートブロック）で構成されている。当初はコンクリート打放しだったが、戦時下にコールタールで迷彩をほどこされた。現在の白い姿は戦後の再塗装によるもの

1991年に設置されたフランス・ヘルプフェル社製のパイプオルガン（写真上部）。1つのオルガンをチャペルと講堂の両方で聞ける配置にという学校側の要望により、1つの建物として設計された

42種類の色ガラスが放つ色彩に圧倒される。オーギュスト・ペレによるル・ランシーのノートルダム教会をモデルにした戦前期レーモンドの最後期の作品で、担当はレーモンド建築設計事務所の杉山雅則

information

東京女子大学チャペル・講堂 _{有文 1998}

教会堂名	－
設計者	杉山雅則（レーモンド建築設計事務所）
建築年	1938年
構造	鉄筋コンクリート（RC）造
住所	東京都杉並区善福寺2-6-1
アクセス	JR西荻窪駅より吉祥寺駅行バス乗車、「東京女子大前」下車、徒歩すぐ

＊1 新渡戸稲造 1862-1933 岩手県生まれの教育者・農政学者。東京帝大教授ほかを経て東京女子大初代学長（1918-1923年）。カナダで客死　＊2 安井てつ 1870-1945 東京生まれの女子教育家。東京女子高等師範教授などを経て東京女子大学第2代学長（1923-1940年）

21

日本聖公会

立教学院諸聖徒礼拝堂（池袋チャペル）
りっきょうがくいんしょせいと

立教建学の精神を支える
蔦の絡まる赤レンガのチャペル

東京都

　キリスト教に基づく教育を理念とする立教学院。その建学の精神を実践する活動をおこなっているのが、東京池袋キャンパスにあるこの諸聖徒礼拝堂です。1874（明治7）年、米国聖公会のC.M.ウィリアムズ宣教師[*1]（のち主教）が東京築地に設立したセント・ポールズ・スクールが立教学院の母体。1918（大正7）年に池袋へ移転し、2年後の1月にこの礼拝堂が聖別[*2]されました。伝統的な中央祭壇と装飾壁は、当時の米国聖公会信徒からの寄贈品。関東大

震災や戦災もくぐりぬけ、改修を重ねてきたこのチャペル[*3]の特徴は、人の出入りが絶えないということ。複数のチャプレン[*4]の下、朝夕や始業時の礼拝、毎日曜日の礼拝、体育会各部がおこなうユニフォーム推戴式や大会・合宿前の礼拝ほか、教会音楽すいのコンサートや講演会など、活動は多彩。立たいしき教学院関係者のためのチャペルであるとともに、日本聖公会東京教区のチャペル（教会）として、礼拝は学外者にも開かれています。

当初の名はオール・セインツ・メモリアル・チャペルといい、これは幾人もの記念献金で建てられたことに由来する。1999年4月に都選定歴史的建造物に選定された

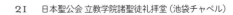

1920年の使徒聖パウロ回心日に聖別された。戦時下の礼拝堂は軍部によって倉庫にされ、説教壇、聖書台、会衆席などは防空壕の材料にされてしまった歴史も

（左）鷲の聖書台は英国のマンチェスター大聖堂で使用されていたもの
（右）花をモチーフにした祭壇上部の円形ステンドグラス

information

日本聖公会東京教区
立教学院諸聖徒礼拝堂（池袋チャペル）

教会堂名　　—
設計者　　　マーフィ＆ダナ建築事務所
建築年　　　1918年
構造　　　　レンガ造、鉄筋コンクリート（RC）造
住所　　　　東京都豊島区西池袋3-34-1
アクセス　　JR・東武・西武・東京メトロ丸ノ内線／
　　　　　　有楽町線／副都心線「池袋」駅西口から徒歩7分

＊1 C.M.ウィリアムズ Channing Moore Williams 1829-1910 米国聖公会の宣教師。米国から1859年来日。東京、京都などで伝道。現・立教学院を創設。日本聖公会初代主教。1908年離日、アメリカで永眠　＊2 聖別　キリスト教で、聖なる用にあてるため、特別な祈りによって人や物を分離・区別すること　＊3 チャペル　通常の「チャペル」（→p.6）は日曜日の定時礼拝がないか、あっても所属信徒（教会員）をもたないところがほとんどだが、日本聖公会にはどちらの条件も満たすチャペルが複数存在する　＊4 チャペルで奉仕する聖職・教職者のこと

22

日本聖公会

目白聖公会 聖シプリアン聖堂
(めじろ)

東京の聖公会唯一の
戦前建築は
目白通りに

東京都

東京・目白通り沿いにたたずむ、ロマネスク様式の小聖堂。白とダークブラウンを基調とした落ち着いた空間に、ラファエロ前派風の英国製ステンドグラスが美しく照り映えます。この教会の歴史が始まったのは1918（大正7）年。聖公会神学院

の初代校長・今井寿道司祭[*1]が豊多摩郡落合村での伝道を志し、現在地にあった医院の建物を譲り受け、「目白講義所」を開設。当初から外部の援助に頼らない自給教会（→p.51）を目指し、その年の末には目白准教会が発足します。1923（大正12）年に目

（左）新約聖書『マタイによる福音書』第2章のイエス降誕物語より、東方の占星術師の贈り物のひとつ、「黄金」（冠）をささげもつ天使のステンドグラス　（右）聖アグネス（304年ローマで殉教したとされる乙女）のステンドグラス

半円アーチが優雅な雰囲気をかもし出す三廊式の礼拝堂。側廊の窓を飾る1889年製のステンドグラスは、英国トゥルローにあるエピファニー修道院（東京・ナザレ修道院の母院）旧館のチャペルに設置されていたもの。1985年に移設された

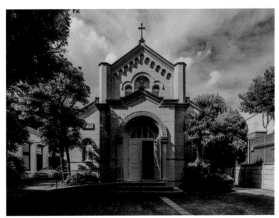

ロマネスク様式の特色である半円アーチが多用された、白亜の聖堂。扉が開いているときは見学もできる

白聖公会と改称。現在の聖堂の竣工は1929（昭和4）年、借地であったために正式な礼拝堂の聖別（→p.69）式は1951（昭和26）年に執行され、そのときに3世紀カルタゴの司教 St. Cyprian[2]の名前をとって聖シプリアン聖堂と命名されました。

information

日本聖公会東京教区
目白聖公会 聖シプリアン聖堂

教会堂名	聖シプリアン聖堂
設計者	不詳
建築年	1929年
構造	木造
住所	東京都新宿区下落合3-19-4
アクセス	JR「目白」駅から徒歩5分

＊1 今井寿道 1863-1919 東京生まれの日本聖公会司祭。東京・聖アンデレ教会牧師や香蘭女学校の初代校長も務めた　＊2 St. Cyprian シプリアン、キプリアヌス、チプリアノとも。カルタゴ（現チュニジア）生まれの教会指導者。迫害を受け258年殉教

㉓
カトリック 神田教会

都内最古の歴史を誇る
都会のオアシス

東京都

　　まだキリシタン禁制の時代だった
い　1872（明治5）年、カトリック宣教師
によって東京の三番町にラテン学校（神学
校）が開かれました。学生が増えたため、2
年後に神田猿楽町に移転し、聖フランシス
コ・ザビエルを保護の聖人とする聖堂を建
立。これが神田教会の始まりです。学校は
1877（明治10）年に閉鎖となりましたが、パ
リ外国宣教会のA.ペティエ神父[*1]を初代の

主任司祭として小教区神田教会が発足。そ
の後、1896（明治29）年建立の神田聖堂は
大火で、再建された聖堂も関東大震災で焼
失してしまいます。2度の災禍を体験した主
任司祭J.シェレル師[*2]の願いで鉄筋コンク
リート造となった新聖堂は、1928（昭和3）
年に献堂されました。好運にも戦禍を免れ、
都内に現存する最古の聖堂のひとつとなり、
改修を重ねて使用されています。

半円アーチと白い柱が印象的な内部。中央通路は祭壇まで27メートルの長さがある。関口教会（→p.52）の現カテドラルが献堂されるまでの12年間（1952〜1964年）は東京大司教区の司教座聖堂として用いられた

ロマネスク様式とルネッサンス様式を融合させた聖堂を設計したのは、スイス人建築家マックス・ヒンデル。失われた2つの先代聖堂の意匠が外観の一部に取り入れられている。当時30万円の費用をかけて建立された

（左）神田教会の保護の聖人である聖フランシスコ・ザビエルの聖遺骨 （右）内陣奥のステンドグラスには左側に聖フランシスコ・ザビエル、その足元に和服の日本人信者たちが描かれている

information

カトリック東京大司教区
神田教会
有文
2002

教会堂名	聖フランシスコ・ザビエル
設計者	マックス・ヒンデル
建築年	1928年
構造	鉄骨鉄筋コンクリート（SRC）造
住所	東京都千代田区西神田1-1-12
アクセス	JR「水道橋」駅東口から徒歩7分

＊1 A.ペティエ Alfred Eugène Marie Pettier 1843-1930 フランスから1868年来日。1919年離日　＊2 J.シェレル Jean Marie Félix Cherel 1868-1948 カトリック・パリ外国宣教会司祭。フランスから1892年来日。名古屋や東京などで司牧。東京で永眠

設計は、当時宮内省技師だった
キリスト者の雪野元吉（1897-
1945）。献堂80年を超えて老朽
化が進んだが、約3億3千万円の
費用をかけて耐震・バリアフリ
ー化を実現させた

㉔

日本キリスト教会 横浜海岸教会

港横浜に凛と建つ
日本最古の
プロテスタント教会

神奈川県

清高な美しさを感じる礼拝堂。献堂当時の教会員は620名と記録されている。毎週の礼拝は、戦時下のキリスト教弾圧の時代にあっても1回も欠かすことなく守られてきた

　の教会の歴史は1872（明治5）年3月10日、アメリカ・オランダ改革派教会のJ.H.バラ宣教師＊から受洗した9名を含む11名が、日本基督公会（横浜公会）を設立したことに始まります。このとき、わが国ではじめてのプロテスタント教会が誕生しました。バラ夫妻の居住地であった居留地167番（現在地）にはすでに石造りの小会堂が建っていましたが、手狭となったため1875（明治8）年に大会堂を献堂。名称も日本基督横浜海岸教会となりました。初代の大会堂は関東大震災で全壊し、現在の会堂は1933（昭和8）年に再建されたもの。横浜の建築家・雪野元吉（ゆきのもときち）唯一の現存作品で、基調はゴシック様式。ひさしの下には独特の形をした持送りが並び、とくに鐘塔上部の造形はとても個性的です。2015年に大改修を終え、開港広場のとなりに美しい姿を見せています。

（左）1875年にアメリカから寄贈されたチャーチベル。設置当初から現役で使用されているものとしては、日本最古級。日曜礼拝の開始時（10:30）と金曜礼拝の5分前（12:05）に、聖書の66巻にちなんで66回鳴らされる　（右）「日本基督公会発祥地」の碑

information

日本キリスト教会東京中会
横浜海岸教会

教会堂名	－
設計者	雪野元吉
建築年	1933年
構造	鉄筋コンクリート（RC）造
住所	神奈川県横浜市中区日本大通8
アクセス	みなとみらい線「日本大通り」駅から徒歩3分

＊J.H.バラ James Hamilton Ballagh 1832-1920 アメリカ・オランダ改革派宣教師。1861年来日。横浜のほか各地で伝道。1919年離日

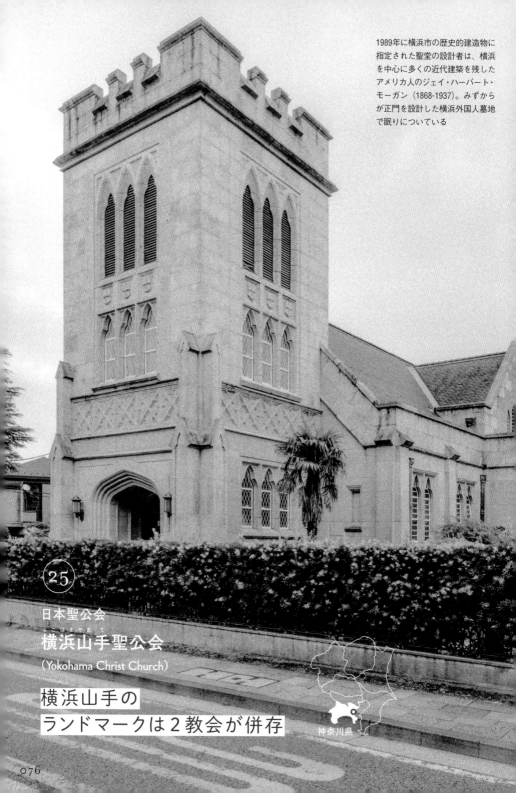

1989年に横浜市の歴史的建造物に
指定された聖堂の設計者は、横浜
を中心に多くの近代建築を残した
アメリカ人のジェイ・ハーバート・
モーガン（1868-1937）。みずから
が正門を設計した横浜外国人墓地
で眠りについている

㉕

日本聖公会
横浜山手聖公会
（Yokohama Christ Church）

横浜山手の
ランドマークは2教会が併存

神奈川県

洋館の建ち並ぶ横浜山手の一角、外国人墓地の向かいに、大谷石を用いた重厚な聖堂が建っています。イングランドの田舎を思わせるノルマン様式の塔屋は、英国人ヘーズレット主教*の発案であったといわれ、この教会がかつて英国聖公会に属していたことを想起させます。今ここにつどう英語会衆の名は横浜クライスト・チャーチ（Christ Church）、日本語会衆は横浜山手聖公会。前者は1863（文久3）年、英国人を対象として横浜居留地に設立されました。1901（明治34）年、山手235番地（現在地）に聖堂を新築移転しますが、関東大震災で倒壊。1931（昭和6）年に再建した聖堂も横浜大空襲で被災し、在横浜米国副領事や米国軍人らの尽力で1947（昭和22）年に復興。同年3月3日、日本人会衆によって横浜山手聖公会が発足しました。聖堂は2005年に火災の被害を受けましたが、ほぼ創建当時の状態に修復され、2つの教会の礼拝の場となっています。

information

日本聖公会横浜教区
横浜山手聖公会
（Yokohama Christ Church）

教会堂名　　—
設計者　　　J.H.モーガン
建築年　　　1931年
構造　　　　鉄筋コンクリート（RC）造
住所　　　　神奈川県横浜市中区山手町235
アクセス　　みなとみらい線
　　　　　　「元町中華街」駅から徒歩7分

天井の太い木の梁が特徴的。内陣正面のステンドグラスには、ブルーを基調とした色ガラスがはめ込まれている

*サミュエル・ヘーズレット Samuel Heaslett 1875-1947 北アイルランド生まれの英国聖公会主教。1900年来日。1922年、現・横浜教区主教に就任。1942年離日

日本聖公会
立教学院　聖パウロ礼拝堂
（新座チャペル）

建築家レーモンドの
白いノアの箱舟

埼玉県

古式馬具の鞍のような高さ17メ
ートルのアーチの組み合わせで
形成された、個性的なチャペル

埼玉県の立教学院・新座キャンパス正門前に位置する、放物線アーチを組み合わせた白い外観の礼拝堂です。空から見ると、建物と回廊は立教の「立」を示す五角形。地上から見ると、その姿はまるで逆さになったノアの箱舟（旧約聖書・創世記）のよう。中庭に立つ高さ31メートルのベルタワーからは3つの鐘が礼拝の時間を告げ知らせ、色ガラスをはめ込んだ巨大なステンドグラスにより打放しコンクリートの肌に7色の光が落ちます。アントニン・レーモンドの設計によりこの礼拝堂が完成したのは1963（昭和38）年、名前の由来は立教のスクール・ニックネームにもなっている聖パウロ（セント・ポール）。キリスト教主義学校のチャペル、そして日本聖公会北関東教区の教会として、地域の人びとにも開かれた祈りの場になっています。

（上右）左右に3枚ずつ設置されたステンドグラスは設計者の妻であるノエミ・レーモンド夫人のデザイン。ほぼ左右対称だが、1箇所のみ異なる箇所があるという。その箇所を探すことが生徒たちの伝統となっている（上左）クリスマスの時期のヒマラヤ杉のイルミネーションとチャペル（下）聖所の祭壇。正面のPAX VOBISCUM（パクス・ボビスクム）とはラテン語で「平安があなたがたにありますように」の意で、復活したイエスによる弟子たちへのあいさつのことば（ヨハネによる福音書第20章19節）。柱についた金色の飾りはぶどうの木を表す

information

日本聖公会北関東教区
立教学院聖パウロ礼拝堂
（新座チャペル）

教会堂名	―
設計者	アントニン・レーモンド
建築年	1963年
構造	鉄筋コンクリート（RC）造
住所	埼玉県新座市北野1-2-26
アクセス	東武東上線「志木」駅、JR「新座」駅から徒歩約20分

27

日本基督教団
武蔵豊岡教会

武州入間の
ヴォーリズ建築
製糸工場の
工女も集った教会

埼玉県

武蔵豊岡教会

　そのままでは使用が難しくなった文化財級の建物を、いかに使い続けるか——その見事な一例を示すのが、埼玉県（旧武蔵国）唯一のヴォーリズ建築・武蔵豊岡教会です。移築を伴う大改修をおこない、築90年の礼拝堂が生まれ変わりました。入間郡豊岡町生まれの石川和助*（のち牧師）が上京先でキリスト教に入信し、郷里の家族に教えを伝えたことがその歴史の始まり。1889（明治22）年7月2日、和助の父親が米国

メソジスト監督教会のギデオン・ドレーパー宣教師から洗礼を受けた日が、豊岡美以教会の創設日とされています。戦時下に日本基督教団武蔵豊岡教会に改称。初代の礼拝堂は1895（明治28）年、ヴォーリズ設計による2代目は1923（大正12）年の献堂で、約20メートルの尖塔は地域のシンボルとなりました。地元・石川組製糸の工女たち、またジョンソン基地（現・入間基地）の米軍将兵たちの祈りの場ともなった教会です。

国道16号の拡幅工事に伴い、2014年に曳家（ひきや）により150度回転して移築された。外観上の装いは変化したが、内部はかつての状態をよく保っている。大正12年当時の総建築費は2万4千円余で、石川幾太郎（和助の兄）が創始した石川組製糸が用地1千坪を寄附。石川金右衛門（和助の父）からも遺志献金1万円がささげられた

information

日本基督教団関東教区
武蔵豊岡教会

教会堂名	－
設計者	W.M. ヴォーリズ
建築年	1923年（大改修2014年）
構造	木造、鉄骨（S）造
住所	埼玉県入間市河原町8-6
アクセス	西武池袋線「入間市」駅から徒歩7分

（左）他のヴォーリズ教会建築には見られない格天井（ごうてんじょう）に、地元大工の力量が発揮されている　（右）講壇前にはメソジスト派教会の特徴である「恵の座」（柵）が。聖卓におかれた聖杯は、米軍関係者の寄贈と伝えられる

＊石川和助 1862-1944 豊岡町生まれ。1886年東京で受洗。1891年にメソジスト派の牧師となり関東ほか各地で伝道

日本聖公会 日光真光教会（にっこうしんこう）

日光にたたずむ
石造りの珠玉作

栃木県

（右）祭壇上部を彩るイエス・キリスト
の変容（マルコによる福音書第9章2節
〜4節ほか）を描いた桜花形のステンド
グラス（左）入り口近くの窓（宇野澤
組ステインド硝子製作所作）には、使
徒たちの意匠があしらわれている

日光山内に通じる西参道の近くにたたずむ、重厚なゴシック調の石造教会堂。日光を愛し、毎夏避暑に訪れたJ.M.ガーディナー夫妻の家庭礼拝がこの教会の起こりです。外国人避暑客のため1899（明治32）年に初代の木造教会堂が建てられ、Church of the Transfiguration（変容貌教会）として夏のみ礼拝がおこなわれました。2代目となるこの礼拝堂は、初代と同じくガーディナーの設計で、1916（大正5）年8月6日の変容貌日に聖別（→p.69）。建築資金の献金を主に米国から集めたのは、20年近い歳月を当地で過ごした婦人宣教師のミス・アイリーン・P.マン＊でした。ガーディナーとその家族の遺骨は、この礼拝堂の聖書台の下に納められています。

日本聖公会北関東教区最古の聖堂。外壁は大谷川から採取した安山岩の乱石積、内壁は板橋石の平張りとなっている。1982年、栃木県有形文化財に指定

鷲の姿をした木製の聖書台。鷲は、福音書記者ヨハネ（新約聖書『ヨハネによる福音書』著者）の象徴とされる

information

日本聖公会北関東教区
日光真光教会

教会堂名　　－
設計者　　　J.M.ガーディナー
建築年　　　1916年
構造　　　　石造
住所　　　　栃木県日光市本町1-6
アクセス　　JR・東武日光駅から中禅寺、湯元温泉
　　　　　　行きバス乗車、「西参道入口」下車すぐ、
　　　　　　または駅から徒歩35分

＊アイリーン・P.マン Irene P Mann 1861-1927 米国聖公会婦人宣教師。アメリカから1896年来日。青森、弘前、日光で宣教にあたる。1926年離日

29

カトリック 松が峰教会
まつ みね

栃木・宇都宮に そびえる双塔 日本最大の 壮麗な大谷石建築

栃木県

東
武宇都宮駅の近くに位置する、ロマ
ネスク・リバイバル様式の荘厳な聖
堂です。建築家マックス・ヒンデルによる
最後の聖堂建築で、地元の大谷町付近から
産出する石材・大谷石を貼った鉄筋コンク
おおやいし
リート造、内部の柱や朗読台にも大谷石が
使われています。八角形のトンガリ屋根を

もつ双塔は、1932（昭和7）年の献堂以来、
宇都宮のランドマークとなってきました。栃
木へのカトリックの布教が始まったのは
1880年代のこと。1888（明治21）年、パリ
外国宣教会のH.カジャック神父*が川向町
に宇都宮天主公教会を創設、1895（明治28）
年に松が峰町（現在地）に移転。現在の聖堂

半円アーチがいたるところに用いられ、旧帝国ホテルに用いられたものと同じ採石場から切り出された大谷石が、聖堂の内外壁に使われている

宇都宮の「大谷石文化」を代表する建築のひとつで、施工はカトリック神田教会（→p.72）や横浜海岸教会（→p.74）と同じ横浜・宮内建築事務所の宮内初太郎。聖堂（2階）へはエレベーターも利用できる

（左）大谷石でできた聖書の朗読台　（右）「聖マリアの誕生」（祝日9月8日）にささげられた松が峰教会。2005年、マリアの誕生を描いたイコンが設置された

は、1910（明治43）年建立の初代聖堂につづく2代目にあたります。1945（昭和20）年の宇都宮空襲により大きな被害を受けますが、2年後に復興。1974（昭和49）年に教会名を松が峰教会に改称しました。

*カジャック Hippolyte-Louis-Auguste Cadilhac 1859-1930 カトリック・パリ外国宣教会司祭。フランスから1882年来日。主に関東で布教し「歩く宣教師」と呼ばれた。東京で永眠

information

カトリックさいたま教区　有文 1998
松が峰教会

教会堂名	聖マリアの誕生
設計者	マックス・ヒンデル
建築年	1932年
構造	鉄筋コンクリート（RC）造、石造
住所	栃木県宇都宮市松が峰1-1-5
アクセス	東武「宇都宮」駅から徒歩3分、もしくは、JR宇都宮駅から路線バスで「東武駅前」または「東武西口」下車、徒歩3分

30

日本基督教団 安中教会（あんなか）新島襄記念会堂（にいじまじょう）

新島襄ゆかりの プロテスタント教会

群馬県

内部は木造で円筒ヴォールトの天井の下部には列柱がなく、構造上の工夫で会堂を広く見せている。講壇にある2本の柱は茨城産の大理石。講壇右手にある新島襄の肖像画は、湯浅治郎の長男・一郎の手によるもの。安中教会では毎年新島の命日近くに記念礼拝をもっている

小川三知（1867-1928）制作の気品あるステンドグラス。十字架と、復活の象徴である白ユリが中心に描かれている

ロマネスクとゴシックを基調とした外観をもつ。設計はキリスト者の古橋柳太郎（1882-1961）

外国人宣教師ではなく、日本人の手によって創設された日本で最初のキリスト教会。それがここ、群馬の安中教会です。米国留学から帰国した新島襄[1]（のち同志社英学校を設立）が、1874（明治7）年に郷里の安中でおこなった伝道講演がその端緒。1878（明治11）年3月31日（一説には30日）、地元の求道者30名が新島から受洗して、安中教会が発足しました。海老名弾正が初代牧師に就任、1883（明治16）年に初代の教会堂を建立。日本組合基督教会に所属し、非戦を唱えた柏木義円牧師と、教会の中心的な会員で群馬県内の廃娼運動を主導した湯浅治郎[2]の働きはよく知られています。新島襄召天30周年を記念して1919（大正8）年に献堂された現礼拝堂は、F.L.ライト設計の帝国ホテルの4年前に竣工した大谷石建築として、建築史的にも貴重なものです。

information

日本基督教団関東教区　　有文
安中教会 新島襄記念会堂　2004

教会堂名	新島襄記念会堂
設計者	古橋柳太郎
建築年	1919年
構造	木造、石造
住所	群馬県安中市安中3-19-10
アクセス	JR「安中」駅から徒歩約25分（タクシーで6分）

*1 新島襄　1843-1890 安中藩士を父に江戸で生まれる。1866年米国で受洗。1874年帰国し、同志社を創立した
*2 湯浅治郎　1850-1932 安中生まれの実業家、政治家。1878年受洗。新島没後、同志社の経営にあたる

日本基督教団 茨木春日丘教会
（いばらき かすがおか）

十字の光が壁面をつらぬく
安藤忠雄の「光の教会」

大阪府

プロテスタント信仰を象徴する聖書を載せた説教壇、聖餐テーブルと洗礼杯が、光の道をさまたげないように配置されている。春分・秋分の日の午前11時に正面からの光がまっすぐ通路のうしろまで届くという。階段状になった120名ほどの会衆席を有する建物には2014年に空調設備が入り、夏暑く冬寒いという長年の問題は緩和された

大阪府茨木市の閑静な住宅街のなかに位置する。見学者の増加により、2012年からインターネットを使った見学予約システムを導入し、新しい時代の伝道に取り組んでいる

コンクリート打放し、直方体の会堂の正面の壁いっぱいにくりぬかれた十字の窓。「礼拝堂のなかに、十字架はいらない」──カルヴァン主義*1に立つプロテスタント教会らしく、会堂内部に〈飾りとしての十字架〉を拒否したことで、この「光の教会」は生まれました。ここ茨木春日丘教会の起源は、同じ市内の茨木教会が春日丘公園でおこなっていた青空日曜学校。同教会の教会学校春日丘分校を経て、1972（昭和47）年に伝道所*2を開設、その3年後に教会設立式をあげました。新しい会堂を祈り求めた牧師と教会員たちの望みは、シンプルであること。聖なる空間であること。誰もが入りやすい場であること。厳しい資金条件のなかでその要望を受けとめた建築家・安藤忠雄が図面を引き、1989年に献堂されたのがこの34坪ほどの礼拝堂です。1999年竣工の教会ホール（愛称・日曜学校）、2010年の牧師館も安藤忠雄の設計。

information

日本基督教団大阪教区
茨木春日丘教会

教会堂名　─
設計者　　安藤忠雄
建築年　　1989年
構造　　　鉄筋コンクリート（RC）造
住所　　　大阪府茨木市北春日丘4-3-50
アクセス　JR・阪急茨木駅から近鉄バス春日丘公園行き
　　　　　乗車、「春日丘公園」下車（約10分）、徒歩2分

*1 カルヴァン主義　16世紀フランスの宗教改革者・神学者によるプロテスタントの教義。聖書のみを最高の権威とし、厳格で禁欲的な信仰生活を説いた。長老派・改革派教会の信仰の土台　*2 伝道所　一般に、「教会」設立に至らないがキリスト教の集会が定期的に開かれている場所のこと。講義所、出張所ともいう

創建時の建築資金はアメリカン・ボードからの寄附による。壁には新島襄はじめ、開校に尽力した山本覚馬（1828-1892 新島の妻・八重の兄）と宣教師J.D.デイヴィス（1838-1910）、また歴代の同志社総長の肖像画が掲げられている

（32）

同志社大学　今出川キャンパス
同志社礼拝堂
<small>どうししゃ</small>

同志社の基礎となり、
また精神となる
日本最古のプロテスタントの
レンガ造チャペル

京都府

2013年に完了した改修工事によって創建当時の内装が復元され、新たに空調設備も備わった。椅子に替わって設置されたベンチは、大正から昭和にかけて使われていたカーブのついたベンチがモデル

1890年に永眠した新島襄の告別式は、この礼拝堂の前にテントを張っておこなわれた

「この礼拝堂は我同志社の基礎となり、また精神となる者なればなり」——同志社創設者の新島襄（→p.87）が、このチャペルの定礎式で述べたことばです。約10年の欧米留学を終えて帰国した新島は、アメリカ・ボード[*1]の支援を得て、1875（明治8）年に上京区寺町通丸太町上ル松蔭町に同志社大学のルーツとなる同志社英学校を開校。翌年9月に学校は現在地に移転し、のちに初代の木造チャペルを建立します。2代目となる現在のチャペルは、同志社教師D.C.グリーン宣教師[*2]の設計により、1886（明治19）年6月25日に捧堂式の日を迎えました。アメリカ・ゴシックスタイルの赤レンガ礼拝堂は、プロテスタントらしい簡素な美しさ。左右の尖頭アーチ窓やバラ窓からは、繊細な木枠組にはめられた赤、橙、黄、緑、紫の色ガラスから注がれる光が床や白壁に落ち、宝石箱を開いたかのようです。

information

同志社大学 今出川キャンパス **同志社礼拝堂**	重文 1963
教会堂名	－
設計者	D.C.グリーン
建築年	1886年
構造	レンガ造
住所	京都府京都市上京区今出川通烏丸東入
アクセス	地下鉄烏丸線「今出川」駅から徒歩1分

*1 アメリカ・ボード　1810年創設のアメリカ・プロテスタントの伝道団体。その主体は会衆派（組合派）。日本宣教は1869年、D.C.グリーン夫妻の派遣で開始された　*2 ダニエル・クロスビー・グリーン Daniel Crosby Greene 1843-1913 アメリカ・ボード宣教師。同志社教師を務め、聖書翻訳、設計の分野でも活躍

㉝

日本ハリストス正教会 京都正教会
生神女福音大聖堂
しょう しん じょ ふく いん

帝政ロシアの美術品と
明治期大工の業を伝える
正教会

京都府

神社仏閣のまち京都には、帝政ロシア時代の正教会ゆかりの聖堂も現存しています。それが、ここ京都正教会・生神女福音大聖堂。30枚もの聖像が掲げられたイコノスタス（→p.59）、鐘、儀式で用いられる聖器物は、一世紀以上昔にロシアから献納されたもの。京都府下への正教会の宣教は、明治10年代に始まりました。1889（明治22）年、京都市内に講義所が設立され、その5年後に着任したシメオン三井道郎司祭

の時代に現在地を購入。ニコライ（→p.59）主教がロシアから取り寄せた聖堂の標準設計図を元に、府技師・松室重光が実施設計を担当し、1901（明治34）年に建物が竣工します。イコノスタスなどの到着を待って、1903（明治36）年にこの聖堂の成聖式（落成式）がおこなわれました。ニコライ師が成聖した宝座[*1]がある大型木造聖堂としては、正教会最古のものです。イコン画家山下りん[*2]によるイコンも所蔵。

主教座をもつ聖堂だが、1906年に叙聖された京都の主教アンドロニク（のち聖人）は短期間来京したのみで、ロシア革命時に殉教。日露戦争捕虜のロシア将兵も、この聖堂で祈った

聖堂名の「生神女福音」とはマリアの受胎告知のこと。のちに河村伊蔵司祭が設計する豊橋（→p.124）や函館聖堂（→p.144）の雛形となった。戦火や天災を免れ、創建当初の姿をそのまま残す。長らく淡いグリーンに塗装されていたが、2016年の大規模修復時に白い姿に復元された

主教が立つときに足元に敷く、鷲を画いた円形の敷物。オルレツ（鷲氈）といい、主教が担う責任と権能を表している

information

日本ハリストス正教会教団西日本主教々区
京都正教会
生神女福音大聖堂

教会堂名	生神女福音聖堂
設計者	松室重光
建築年	1903年
構造	木造
住所	京都府京都市中京区
	柳馬場通二条上る六丁目283
アクセス	市営地下鉄「烏丸御池」「丸太町」
	「市役所前」駅から徒歩10分

＊1 宝座　正教会の聖堂で、至聖所に設置される四角い祭壇。聖堂でもっとも神聖な場所　＊2 イリナ山下りん 1857-1939 茨城県笠間生まれの女性画家。正教会で洗礼を受け、ロシアに留学、日本最初のイコン画家となる。笠間で永眠

神戸女学院 ソール・チャペル

丘の上の学び舎は
金色の光に満ちた
祈りの空間

兵庫県

2025年に創立150周年を迎える神戸女学院は、関西最古のミッションスクール。「愛神愛隣」の標語のもとに、キリスト教に基づく教育を実践してきた。チャペルは支柱が1列のみの2廊式で、西側のアーチ窓からやさしい光が入る。正面のステンドグラスにある7本のロウソクは、新約聖書・ヨハネの黙示録に登場する「七つのともし火」からとられたもので、一体となって学院を構成するそれぞれの組織を表しているともいわれている

戦争と大震災をくぐりぬけ、美しく用いられてきた神戸女学院校舎群のなかでも、とりわけ厳粛さと品格が感じられる空間。天井にはキングポストトラスと呼ばれる小屋組が見える。入り口上部にある、ぶどうのツルとクローバー模様の欄干は、現・日本基督教団神戸教会の旧会堂にあったもの

（左）講堂の西側にあるチャペルの入り口。講堂・総務館・チャペルは一体化した建物になっている（下）チャペル柱頭の装飾も、ヴォーリズが目指した「美しい心を育むための品格ある建築」の一部を成す

兵庫県 西宮市の高台に広がる神戸女学院岡田山キャンパス。この学校の歴史は、米国会衆派のアメリカン・ボード（→p.91）から派遣された2名の女性宣教師が、1875（明治8）年、女性のための私塾「女学校」を神戸山本通4丁目に開校したことに始まります。英和女学校の校名を経て、1894（明治27）年に神戸女学院（Kobe College）と改称。1933（昭和8）年、ヴォーリズ設計の美しいスパニッシュ・ミッション・スタイルの校舎群が岡田山に完成しました。中庭を囲む4棟のうち北側にあるのが総務館・講堂及び礼拝堂の3つの機能を備えた建物で、内廊下でつながっています。125名収容の礼拝堂は「祈りの人」と呼ばれた第4代院長を記念してソール・チャペル（Searle Chapel）と名づけられました。礼拝は、キリスト教による人格教育を特色とする神戸女学院で、もっとも大切にされている時間です。チャペル礼拝は学内者を対象としていますが、一般公開の「金曜日公開プログラム」も開催されています。

information

神戸女学院 ソール・チャペル　重文 2014

教会堂名	―
設計者	ウィリアム・メレル・ヴォーリズ
建築年	1933年
構造	鉄筋コンクリート（RC）造、木造小屋組
住所	兵庫県西宮市岡田山4－1
アクセス	阪急電鉄今津線「門戸厄神」駅から徒歩10分

阪急電鉄夙川駅からほど近い住宅地のなかに建つ夙川教会。日本最古とされる組み鐘、カリヨン（1932年設置）の音が1日3回響く。阪神淡路大震災で甚大な被害を受けたが、建堂80周年にあたる2012年に耐震・改修工事をおこなった。2009年に西宮市景観形成建築物、2013年には兵庫県景観形成重要建造物に指定されている

③⑤

カトリック 夙川教会
しゅくがわ

西宮・夙川のシンボルは
にしのみや
小さき花の
聖テレジアの聖堂

兵庫県

聖堂は柱のない単廊式。向かって右手にある天蓋つきの説教壇で、復活祭のとき、かつて教皇から信徒への手紙が読まれたという。夙川教会は、小さき花の聖テレジア（幼いイエスの聖テレジア）の自伝『ある霊魂の物語』をはじめて邦訳出版したブスケ師（1877-1943）を初代主任司祭とする

内陣の向かって右手に設置された、聖テレジアと夙川の子どもたちのステンドグラスは木内真太郎（1880-1968）の作品

パリのサント・シャペル教会をモデルにしたという、空に伸びる白い鐘楼と淡い薔薇色の外壁が印象的な夙川教会。その序章は1921（大正10）年、パリ外国宣教会のシルベン・ブスケ神父が兵庫県西宮市の借家に設立した「聖なるロザリオの教会」です。神戸と大阪の中間に発足した初のカトリック教会で、信徒16名の出発でした。2年後、夙川（現在地）に土地を購入して仮聖堂を建築。1932（昭和7）年、ネオ・ゴシック様式の優美な聖堂が落成しました。戦争末期には当時の主任司祭A.メルシエ神父が軍に拘留される苦難の時期も。旧川口居留地にあった大阪の司教座聖堂が戦災で焼失したため、1945（昭和20）年から1963（昭和38）年まで臨時司教座聖堂となりました。作家・遠藤周作と須賀敦子ゆかりの教会としても知られています。

information

カトリック大阪高松大司教区 夙川教会

教会堂名	幼いイエスの聖テレジア
設計者	梅木省三
建築年	1932年
構造	鉄骨鉄筋コンクリート（SRC）造
住所	兵庫県西宮市霞町5-40
アクセス	阪急電車神戸線「夙川」駅から徒歩3分

③⑥

カトリック **たかとり教会**

大震災を乗り越え、
地域に生きる
神戸長田の"膜の教会"

兵庫県

主聖堂（広さ60平方メートル）の祭壇は南
木曽から送られてきた大きな切り株で、そ
れをぐるりと囲むように会衆席が配置され
ている。内部の壁面には「紙の教会」（設
計・坂茂）と同じ紙管が使われている

溝状の窓から差し込む光が天井に張ら
れた布に映って、独特の景観をかも
しだす、神戸市長田区の聖堂。人と人が交
流する場、開かれた建築物に——そんな願
いのもと、2007年に献堂されました。1927
（昭和2）年、鷹取教会は神戸市内3番目のカ
トリック教会としてパリ外国宣教会のJ.H.
ジュピア師*により発足。2年後に新築した
聖堂には、韓国の人びとも多く集いました。
戦時下の神戸大空襲では避難所として使わ

れたことも。

　1980年代からベトナム人信徒の割合が増
え、ベトナム人の教会ともいわれるように。
1995年の阪神淡路大震災では司祭館を残し
て聖堂は全焼してしまいますが、跡地に建
てられた仮設聖堂兼集会所「紙の教会」
（2005年に台湾大地震の被災地・埔里に移築）は
ボランティアの活動拠点ともなりました。
2005年、新生を記念してひらがなの「たか
とり教会」に改称。

震災で燃えることのなかった「奇跡のキリスト像」は復興と共生の象徴。台座にはベトナム語、韓国語、日本語で「互いに愛し合いなさい」という聖書のことばが刻まれている

（左）「膜」を通じて注ぐ光が、季節や時の移り変わりを感じさせる
（右）植木鉢を逆さにしたような形状の部分が主聖堂にあたる。天井に鼓のような膜が張られていることから、「膜の教会」とも呼ばれる

information

カトリック大阪高松大司教区
たかとり教会

教会堂名　聖ペトロ・聖パウロ
設計者　　坂茂
建築年　　2007年
構造　　　鉄筋コンクリート（RC）造
住所　　　兵庫県神戸市長田区
　　　　　海運町3-3-8
アクセス　JR「鷹取」駅から徒歩5分

＊ジャン・ジュピア Jean Hector Jupillat 1898-1993 カトリック・パリ外国宣教会司祭。フランスから1923年来日。主に大阪、兵庫で司牧

37

日本聖公会
奈良基督教会
<ruby>な<rt>な</rt></ruby><ruby>ら<rt>ら</rt></ruby><ruby>きりすと<rt>きりすと</rt></ruby>

ハトと十字架の鬼瓦を戴く
古都奈良に建つ純和風教会

奈良県

寺社建築の様式・意匠を生かしつつ、本格的な三廊式のキリスト教礼拝堂を設計・施工したのは、教会の信徒で宮大工だった大木吉太郎（1887-1971）。吉野および和歌山県伊都郡富貴のヒノキ、樹齢130年から160年のものを計254本切り出して用いたという。奈良基督教会は日本聖公会初の自給教会（→p.51）であり、また私立奈良英和学校を設立するなど、教育活動に尽力した歴史をもつ

屋根の鬼瓦には羽ばたき合う2羽のハト
が描かれ、先端の丸瓦には十字が刻ま
れている

「奈良基督教会」「親愛幼稚園」の表
札の掲げられた門を通ると、石段の
先に純粋な和風意匠でつくられた瓦
葺の教会堂が現れる

近鉄奈良駅から南に延びる東向商店街、興福寺境内の西に接した一角。階段の上に、屋根の上の小さな十字架をのぞけばお寺とそっくりな純和風の教会堂が建っています。1885（明治18）年、当地の求道者2名が、奈良を開拓伝道中の米国聖公会ジョン・マキム宣教師（のち主教）に伝道師の派遣を依頼したことがこの教会の始まり。花芝町に教会堂が建立され、1887（明治20）年に奈良基督教会が発足。教会堂はその後現在地の正門付近に移築、ゴシック様式の新会堂が計画されましたが、奈良公園に隣接するために洋風建築は風致を損なうとの理由で、県社寺課の許可を得られませ

祭壇上の十字架、花瓶、燭台は七宝焼。背面にあるタペ
ストリーは多数のパイプに京都の織物を巻き付けたもの

小組格天井や菱格子欄間など、細部まで和風の意匠がほ
どこされている。鴨居と欄間には教会で育てた桐を使用

祭壇の十字架の細部。正倉院の黄金瑠璃鈿背
十二稜鏡を模した図案に、キリスト教のモノグ
ラムを組み合わせている

んでした。そこで信徒の宮大工が工夫を凝
らし、純日本風木造建築として1930（昭和
5）年に建てたのがこの教会堂です。キリス
ト教の伝統と日本の技が融合し、比類ない
空間をつくりだしています。

information

日本聖公会京都教区　重文
奈良基督教会　2015

教会堂名　―
設計者　　大木吉太郎
建築年　　1930年
構造　　　木造
住所　　　奈良県奈良市登大路町45
アクセス　近鉄「奈良」駅から徒歩2分

38

日本基督教団 **倉敷教会**
（くらしき）

石積みの塔に
尖頭アーチ窓
倉敷を象徴する
大正建築

岡山県

石畳のスロープをのぼりきっ
た2階にある入り口。教会員制
作によるぶどうの木のステン
ドグラスが迎えてくれる

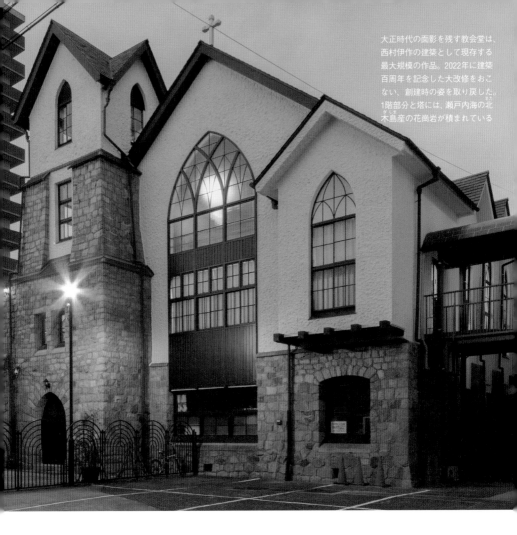

大正時代の面影を残す教会堂は、西村伊作の建築として現存する最大規模の作品。2022年に建築百周年を記念した大改修をおこない、創建時の姿を取り戻した。1階部分と塔には、瀬戸内海の北木島産の花崗岩が積まれている

倉敷駅から歩いて十分ほど。私立竹中幼稚園と同じ敷地内に、石材をまじえた木造3階建ての教会堂が建っています。古い街並みの残る倉敷にしっくり溶け込んだこの名建築の設計者は、大正デモクラシー期を代表する文化人のひとり、西村伊作*。1923（大正12）年に献堂され、「実用と美との両方を兼ね備ふ可きもの、人間の社会的容器を美化する仕事」を望んだ伊作の代表作となりました。倉敷では1880年代からプロテスタントの伝道活動がおこなわれ、岡山や天城など近郊の教会で受洗した25名の信者によって、1906（明治39）年に日本組合倉敷基督教会が設立。現在の大原美術館の斜め前にあった仮会堂時代に2代目・3代目の牧師を相次いで失う試練の時期を迎えますが、そんななか信徒たちが力を合わせて会堂の新築移転計画を推し進め、総工費6万円を超える大事業を実現させました。戦時下に日本基督教団倉敷教会となり、代々同志社出身の牧師を迎えています。

＊西村伊作 1884-1963 和歌山出身の教育者、建築家、画家、詩人。1921年、文化学院を創立した

倉敷の大実業家・大原孫三郎や、のちの倉
敷町長・木村和吉らを創設会員とする。岡
山孤児院の創設者・石井十次が教会に大き
な影響を与え、山室軍平をはじめとする救
世軍の士官たちもしばしばこの礼拝堂の説
教壇に立った。当初は講壇に十字架がなく、
1956年頃に設置されたという

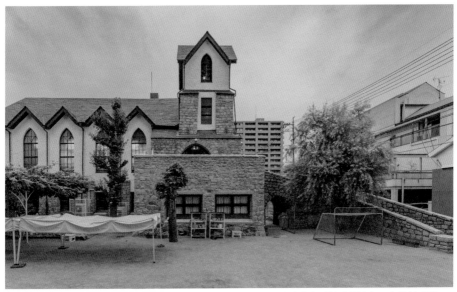

1階を教会附属の竹中幼稚園（1922年設立）園舎とし、2階に礼拝堂をもつ2層構成。2階に延びる長いスロープが印象的だ

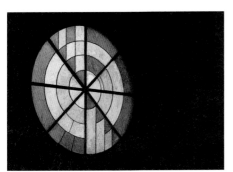

講壇左手の側壁にある、色ガラスの入ったステンドグラス

スロープの石畳

稀少な天然スレートを用いた屋根。2022年の葺き替えで往時の風合いが甦った

information

日本基督教団東中国教区
倉敷教会　　　　　　　有文 2009

教会堂名	―
設計者	西村伊作
建築年	1923年
構造	石造（1階）、木造（2階）
住所	岡山県倉敷市鶴形1-5-15
アクセス	JR「倉敷」駅から徒歩7分

㊴

カトリック 津和野教会

浦上キリシタン殉教の地 山間の城下町にたたずむ 小聖堂

島根県

ゴシック様式の塔をそなえた津和野教会は、幼いイエスの聖テレジアを保護の聖人とする聖堂としては日本でもっとも古いもののひとつ。1923年以降はイエズス会が司牧を担当しており、同会のシンボルが聖堂正面のレリーフに使われている

1951年に建立された乙女峠聖マリア聖堂。聖堂にのぼる山道には手すりが設置され、聖堂周辺も町内外の信者たちにより美しく整備されている

聖堂の内部は畳敷き。会衆は靴を脱いでミサにあずかる

　山陰の小京都と呼ばれる津和野。美しい自然に囲まれたこの町では、1952（昭和27）年から毎年5月に「乙女峠まつり」が開催されています。甘やかな名称とはうらはらに、それは「浦上四番崩れ」（→p.17）によって殉教した長崎・浦上のキリシタンをしのぶ巡礼祭。むごい拷問で命を落とした殉教者たちの墓と碑を建てたのは、1889（明治22）年に山口に赴任したパリ外国宣教会のA.ヴィリオン神父でした。1892（明治25）年に受洗者が与えられ、カトリック津和野教会が発足。現在の聖堂が献堂されたのは1931（昭和6）年のことです。1946（昭和21）年に津和野教会の主任司祭となった

イエズス会のパウロ・ネーベル神父（帰化名・岡崎祐次郎）が乙女峠を整備し、浦上の信徒たちが収容された光琳寺跡に乙女峠記念堂（聖マリア聖堂）を建立。そこは巡礼の地となりました。2013年より津和野の殉教者37名を列聖する運動が推進されています。

information

カトリック広島司教区　<small>有文
1996</small>
津和野教会

教会堂名	幼いイエスの聖テレジア
設計者	不詳
建築年	1931年
構造	木造
住所	島根県鹿足郡津和野町後田口66-7
アクセス	JR「津和野」駅から徒歩10分

カトリック 幟町教会 世界平和記念聖堂
（のぼりちょう）

被爆地・広島に建つ
平和と光のカテドラル

広島県

ドイツを中心に世界中から寄せられた善意と、平和への願いで建てられたカトリック広島司教区のカテドラル（大聖堂）。ベルギーから贈られた本祭壇には「平和は犠牲の代償なり」の文字が刻まれている。内陣正面に描かれたモザイク壁画「再臨のキリスト」は、1962年、西独アデナウアー元首相からの寄贈

8月15日が祝日の被昇天の聖母を保護者とする聖堂。2006年、広島平和記念資料館（丹下健三設計）とともに戦後建築としてはじめて重要文化財に指定された

高さ45メートルの鐘塔には、同じ戦争の悲惨さを経験したドイツから贈られた4個の鐘が。入り口には、1981年に広島を訪問し「平和アピール」で核兵器廃絶を訴えたローマ教皇ヨハネ・パウロ2世の胸像がある

1945（昭和20）年8月6日、広島に投下された原子爆弾。その犠牲者の追悼と慰霊、そして平和への願いをこめてこの聖堂は建てられました。発案は、みずからも被爆したドイツ出身の主任司祭フーゴー・ラッサール神父＊（帰化名・愛宮真備）、設計は日本を代表する建築家・村野藤吾。信徒および広島市民と世界の平和を願う人びとの祈りと寄附により、1954（昭和29）年8月6日に献堂されました。修道院を思わせる静謐さをたたえながら、伝統とモダン、西欧と日本が宥和した空間となっています。洗礼盤ほかドイツからの寄贈品が多くあること、そしてドーム屋根の頂にある鳳凰像や松竹梅をモチーフとした窓枠など、日本的な意匠が豊富なことも特色。広島へのカトリック宣教開始は1882（明治15）年、現在地に初代の聖堂が建ったのは1903（明治36）年のこと。1939（昭和14）年以来、この教会に広島代牧区／司教区の司教座がおかれています。

聖堂入り口には、7つの秘跡を表した、彫刻家・円鍔勝三制作の欄間彫刻がある。左上から時計回りに、ゆるし（告解）、叙階、洗礼、婚姻の秘跡を表す

information

カトリック広島司教区
幟町教会 世界平和記念聖堂　重文 2006

教会堂名	被昇天の聖母
設計者	村野藤吾
建築年	1954年
構造	鉄筋コンクリート（RC）造
住所	広島県広島市中区幟町4-42
アクセス	路面電車「銀山町」から徒歩8分

＊フーゴ・ラッサール（愛宮真備）Hugo Makibi Enomiya-Lassalle 1898-1990 ドイツ生まれのイエズス会司祭。1929年来日。1948年帰化。禅の研究でも有名。ドイツで永眠

41

カトリック 山口教会
山口サビエル記念聖堂

山口・亀山の丘に輝く
幕屋と双塔

山口県

　　口市の中央部、小高い丘にひときわ
　　高い塔が2本そびえています。大き
なテントを思わせる白亜の建物は、山口サ
ビエル記念聖堂。1551（天文20）年、フラ
ンシスコ・ザビエル（山口県での表記は「サ
ビエル」）（→p.35）が領主・大内義隆に布教

の許可を受け、宣教をおこなったのがここ
山口でした。禁教時代ののち、パリ外国宣
教会のコンパニオン神父により1888（明治
21）年に再宣教が開始。翌年着任したヴィ
リオン神父が仮聖堂を米屋町に建設します
（のち今道町に移転）。その後ザビエル時代と

1階は資料展示室、2階が聖堂に
なっており、ブルーを基調とし
たモダンなデザインのステンド
グラスから光が降りそそぐ

高さ53メートルの2本の塔を背負う斬新な聖堂のテーマは、水
と光と幕屋（テント）。イタリア人のコンスタンチノ・ルッジ
ェリ神父と建築家ルイジ・レオニによる設計

亀山公園をのぞむザビエル像。
山口教会では1949年にザビエ
ルの聖腕（遺体から切りとっ
た右手の一部）を迎えて渡来
400年の記念式典、また渡来
450年の1999年には、ふたた
び聖腕の山口巡礼がおこなわ
れた

同じく司牧（→p.17）はイエズス会の担当と
なり、1952（昭和27）年にはザビエル渡来
400年を記念した聖堂が現在地に建立され
ましたが、1991年に失火で全焼。日本並び
に世界中からの支援により、1998年に現在
のモダンな聖堂が再建されました。

information

カトリック広島司教区
山口教会 山口サビエル記念聖堂

教会堂名	聖フランシスコ・サビエル
設計者	コンスタンチノ・ルッジェリ、ルイジ・レオニ
建築年	1998年
構造	鉄骨鉄筋コンクリート（SRC）造
住所	山口県山口市亀山町4-1
アクセス	JR「山口」駅から徒歩15分

（42）

カトリック **軽井沢教会**
（聖パウロ教会）

かる い ざわ

緑の木々に囲まれた
軽井沢の
レーモンド建築

（上）聖堂の外に設置された鐘。
毎日その音を響かせている
（右）聖堂名の由来となった聖
パウロ。聖堂横の外壁に設置
されたこのコンクリート製の
像は、ノエミ夫人の作品

木の温もりに満ちた空間。正面の窓に磔刑像（たっけい）のシルエットが浮かび上がる。はさみ状トラスの構造や紋様の浮き出るガラス窓などは、のちの札幌聖ミカエル教会（→p.154）と共通している

まだ40代だったアントニン・レーモンドが、みずからも別荘兼アトリエ（現ペイネ美術館）を持つ軽井沢に建てた木造（一部RC造）教会。観光客が行き交う旧軽井沢銀座の西側、「水車の道」に位置する。材料には地元の杉と栗材を用い、日光からやってきた大工が工事に当たったという。正面上部の聖母子像は、戦後に設置されたもの

information

カトリック横浜司教区
軽井沢教会（聖パウロ教会）

教会堂名	―
設計者	アントニン・レーモンド
建築年	1935年
構造	木造、一部鉄筋コンクリート（RC）造
住所	長野県北佐久郡軽井沢町軽井沢179
アクセス	JR軽井沢駅から草軽交通バス北軽井沢行き、または西武高原バス草津方面行き乗車、「旧軽井沢」下車（5分）、徒歩6分

夏にはミサ参加者が5割増しになるという避暑地・軽井沢の教会。1930年代、軽井沢に集まる外国人カトリック信者のためにチャペルの建設を立案したのは、英国出身のレオ・ポール・ウォード神父でした。アントニン・レーモンドが無償で設計を引き受け、ウォード師の一族が3千ポンドの建築費用を負担、セント・ポール（聖パウロ）と命名して1935（昭和10）年に献堂の日を迎えます。傾斜の強い三角屋根に鐘楼を従えた姿は、レーモンドの故郷ボヘミアのお隣、スロヴァキア地方の木造教会を想起しながらデザインしたもの。堀辰雄などの文学作品にも登場することで知られます。夏だけのチャペルだった教会は、戦後に地元日本人への宣教が始まり、小教区（→p.19）軽井沢教会が発足。地域の人びとや旅人の祈りの場として、また1万5千組を超えるカップルが祝福を受けた「高原ウェディング」の場としてもよく知られた聖堂です。

長野県

43

日本聖公会
軽井沢ショー記念礼拝堂
(かる い ざわ)

静かな木立にたたずむ
避暑地軽井沢の原点

ここは、日本を代表する高原リゾート地・軽井沢の発祥の地。当地を夏の避暑地として見いだしたのは、東京・芝の聖アンデレ教会牧師A.C.ショー師（右手前の銅像）だった。軽井沢を愛したショー師を記念する礼拝堂には、年間数万人もの観光客が訪れる

（右）軽井沢でもっとも歴史ある教会。シンプルな内観は大正時代の雰囲気そのまま

"**軽**井沢の父"として知られる聖公会宣教師の名を冠した礼拝堂。1886(明治19)年、伝道の旅の中途に立ち寄った軽井沢に魅了されたカナダ出身のA.C.ショー師[*]は、ここに別荘をかまえ、毎夏を過ごすようになりました。師の影響で数を増していく外国人避暑客のため、1895(明治28)年に「軽井沢基督教会聖堂」として聖別(→p.69)されたのがこの礼拝堂です。修増築が重ねられ1922(大正11)年にほぼ現在の形になりました。隣にあるショーハウス記念館は師の別荘を復元したもので、当時の生活をしのぶことができます。外国人が主体だった会衆は1970年代から日本人が中心となり、1977(昭和52)年に軽井沢ショー記念礼拝堂と改称。1992年からは定住牧師による通年の開堂と全主日の定時礼拝が始まりました。2008年に伝道所(→p.89)から正式な教会となり、軽井沢の原点といえるこの場所で、旅人に福音を伝える新たな取り組みが始まっています。

[*]アレクサンダー・クロフト・ショー Alexander Croft Shaw 1846-1902 カナダ出身の英国聖公会の宣教師。1873年来日。東京で聖アンデレ教会を設立。軽井沢を避暑地として紹介。東京で永眠

information

日本聖公会中部教区
軽井沢ショー記念礼拝堂

教会堂名　―
設計者　　不詳
建築年　　1895年
構造　　　木造
住所　　　長野県北佐久郡
　　　　　軽井沢町大字軽井沢57-1
アクセス　JR軽井沢駅から草軽または西部高原バス
　　　　　乗車、「旧軽井沢」下車、徒歩10〜15分

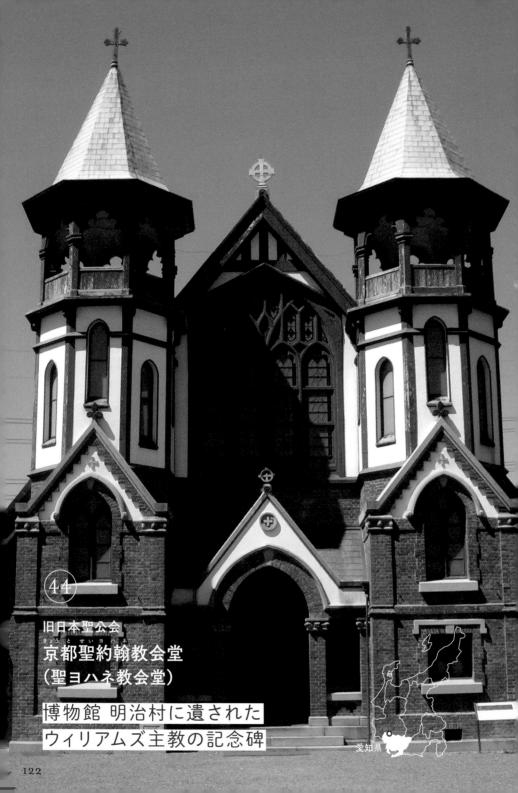

④④

旧日本聖公会
きょうと せい ヨ ハ ネ
京都聖約翰教会堂
（聖ヨハネ教会堂）

博物館 明治村に遺された
ウィリアムズ主教の記念碑

愛知県

（左）ロマネスク様式を基調に、ゴシックのデザインが細部に見られる。1階部分はレンガ造、2階は木造という混合建築は耐震的配慮（建物の重量を軽くする）によると考えられる。礼拝堂は上階にあり、階下は日曜学校や幼稚園舎としても使われた

（上）入り口側、2階正面に位置する尖頭アーチの清楚なステンドグラス　（下）2階の礼拝堂。複雑な小屋組がそのまま装飾として生かされており、天井には京都の気候に合わせて風通しのよい竹簀（たけす）が使われている

　かつてこの教会堂が建っていたのは、京都の五条大橋にほど近い河原町通。1889（明治22）年、米国聖公会のT.S.ティング宣教師が五条橋東に講義所を設立して聖公会の京都伝道は始まりました。聖約翰（ヨハネ）の名をその教会に与えたのは、1895（明治28）年に管理司祭となった老C.M.ウィリアムズ師（→p.69）です。老師の存命中に、京都にふさわしい聖堂を——その夢が実現してこの美しい聖堂が建立されたのは、1907（明治40）年のこと。土地は米国からの献金、建築費は老ウィリアムズ師の私財、そして設計は老師の親友でもあった建築家ガーディナーによるもの。日本伝道に生涯をささげた老師にとって、最後の教会、そして日本への最後の贈り物となりました。聖堂1階に、聖ヨハネ幼稚園が開園された時代も（1910～1963年）。老朽化した聖堂は1963（昭和38）年に解体、愛知県犬山市の博物館 明治村に移築され、老師の想いをいまに伝えています。

information

旧所属・日本聖公会京都教区
京都聖約翰教会堂（聖ヨハネ教会堂）　重文 1965

教会堂名	旧京都聖約翰教会堂
設計者	ジェームズ・マクドナルド・ガーディナー
建築年	1907年（1963年移築）
構造	レンガ造（1階）、木造（2階）
住所	愛知県犬山市内山1　博物館 明治村内
アクセス	名鉄犬山駅から岐阜バスコミュニティ明治村行き乗車、「明治村」下車（20分）、徒歩すぐ

45

日本ハリストス正教会　豊橋正教会
聖使徒福音者馬太聖堂

優美な八角塔と
壮麗なイコン

愛知県

八角形の窓から光が入る聖所。要所に金箔を張ったロシア製イコノスタス（→p.59）は、1927年に設置されたもの。豊橋正教会は戦禍を免れたため、貴重な教会日誌や設計図面なども現存しており、建物の研究がもっとも進んだ聖堂のひとつとなっている

二コライ（→p.59）主教の提唱により、京都や大阪につづいて1875（明治8）年に愛知県豊橋でも正教会の伝道が始まりました。翌年には3名がパウェル澤辺琢磨司祭*1により領洗*2。数を増す信者のため、1879（明治12）年に八町に会堂が建てられ、豊橋昇天教会が発足します。豊橋歩兵第18連隊駐屯地の南側（現在地）に土地を取得し、外部の寄附金には頼らず信徒たちがみずから建築資金を調達して、1913（大正2）年12月、モイセイ河村伊蔵副輔祭（当時）の設計監督により現聖堂が竣工。1915（大正4）年2月に成聖され、初代管轄司祭マトフェイ影田孫一郎師を記念してマトフェイ（馬太、聖マタイ）聖堂と名づけられました。

（左）聖所から啓蒙所をのぞむ。ガラス戸にもロシア十字が見える
（右）八角形の鐘塔と、白塗りの外壁が特徴。日露戦争時には、豊橋に収容されたロシア人捕虜もこの教会の祈祷にあずかった

information

日本ハリストス正教会教団西日本主教々区
豊橋正教会 聖使徒福音者馬太聖堂　重文 2008

教会堂名	聖使徒福音記者マトフェイ聖堂
設計者	河村伊蔵
建築年	1913年
構造	木造
住所	愛知県豊橋市八町通3-15
アクセス	JR豊橋駅から市電で『市役所前』下車、徒歩3分

*1 パウェル澤辺琢磨 1835-1913 正教会最初の日本人司祭。土佐出身で、坂本龍馬のいとこにあたる。東北地方や東京で司祭を務めた。東京で永眠　*2 領洗　正教会で洗礼を受けること

アプス（後陣）側からとらえた夜の新潟カテ
ドラル。マックス・ヒンデルの代表作のひと
つで、同氏設計による天使の聖母トラピスチ
ヌ修道院（函館市）と同時期に献堂された

46

カトリック 新潟教会

港町・新潟の旧砂丘地に立つ
双塔のカテドラル

新潟県

（左）司教が司式する復活徹夜祭
（復活祭前日、夕刻の典礼）のひ
とこま。天井から吊り下がって
いるランプは東京の麹町教会
（聖イグナチオ教会）旧聖堂のも
の （右）1637（寛永14）年に
殉教した佐渡・百人塚の無名殉
教者を記念したステンドグラス

新潟の空にそびえる2つの塔——このロマネスクとルネッサンスの折衷様式による木造聖堂を設計したのは、スイス人建築家マック・ヒンデルです。ここ新潟でカトリックの宣教が始まったのは、開港から2年後にあたる1871（明治4）年。4年後に赴任したパリ外国宣教会ドルワール・ド・レゼー神父*の時代に、新潟で最初の受洗者が誕生します。1885（明治18）年、当時は砂丘だった東大畑（現在地）に初代の聖堂を献堂。現在の聖堂は1927（昭和2）年の竣工で、1962（昭和37）年からは新潟・山形・秋田の三県からなる新潟教区の司教座がおかれています。佐渡（新潟）と米沢北山原（山形）の殉教地を描いたイタリア製のステンドグラスは必見です。

「王であるキリスト」にささげられた大聖堂。高さ21.8メートルの双塔をそなえ、正面の屋根の上にはイエス・キリストの像が飾られている

information

カトリック新潟教区 新潟教会

教会堂名	王であるキリスト
設計者	マックス・ヒンデル
建築年	1927年
構造	木造
住所	新潟県新潟市中央区東大畑通一番町656
アクセス	JR新潟駅から浜浦町方面行きバスで「西大畑」下車、徒歩3分

*ドルワール・ド・レゼー Lucien Drouart de Lézey 1849-1930 カトリック・パリ外国宣教会司祭。フランスから1873年来日、東日本各地で布教。著作多数。神山復生病院長として静岡で永眠

㊼

日本基督教団 弘前教会

多くの伝道者を輩出した東北最初のプロテスタント教会

明治期の木造洋風建築としてはめずらしい、フランスゴシック風の双塔をもつ瀟洒な礼拝堂。弘前教会の歴史がはじまったのは1875（明治8）年10月3日、初代牧師の名は本多庸一*。旧津軽藩士の本多は1872（明治5）年に「横浜公会」（→p.75）で受洗、弘前に帰郷して東奥義塾（1872年開校）の塾長に就任します。同塾英学教師ジョン・イング宣教師とともにおこなった伝道により22名の受洗者が生まれ、冒頭の日付に「弘前公会」が発足、東北地方最初のプロテスタント教会となりました。翌年イングの属するアメリカ・メソジスト監督教会への帰属が決まり、弘前美以教会と改称。1879（明治12）年には自給自治を決議し、翌年初代の教会堂を建立。火災で失った2代目を1906（明治39）年に再建したのが現在の礼拝堂です。説教台や聖餐台にあしらわれた津軽塗、「あけび細工」製の献金用のカゴなど、地域の伝統が随所に活かされています。

青森県

パリのノートルダム大聖堂をモチーフにしたといわれる双塔と、尖塔アーチの窓が特色。青森県産の総ヒバ造りで、県の重要文化財教会の幹事長かつ建築業者の桜庭駒五郎（1871-1955）が設計監督を務めた

*本多庸一（ほんだよういち（よういつ）) 1848-1912 弘前出身のプロテスタント牧師、教育家。日本メソジスト教会初代監督、青山学院初代院長。長崎で客死

旧メソジスト教会として、
講壇の前面に「恵の座」
をもつ。正面奥にある3つ
の椅子のうち、中央のも
のを弘前教会では「キリ
ストの座」と呼んでおり、
礼拝にキリストが臨在す
ることを象徴している

information

日本基督教団奥羽教区 **弘前教会**

教会堂名　　－
設計者　　　桜庭駒五郎
建築年　　　1906年
構造　　　　木造
住所　　　　青森県弘前市元寺町48
アクセス　　JR弘前駅から弘南バス乗車、
　　　　　　「弘前商工会議所前」下車、徒歩2分、
　　　　　　または「上元寺町」下車、徒歩3分

48

カトリック 弘前教会
ひろさき

ゴシック式祭壇が華麗な
青森県最古のカトリック教会

青森県

（左）ドミニコ会士の聖トマス・アクィナスを保護の聖人とし、その像が祭壇のトップにおかれている。壁のステンドグラスは1984年、ジル・カロン神父（カナダ・ケベック外国宣教会）作。神の人間への救いの歴史が記されている

　津軽地方の中心都市・弘前にカトリックの教えがもたらされたのは1872（明治5）年のこと。本格的な布教活動はその4年後に始まりました。1882（明治15）年はパリ外国宣教会のU.フォリー師＊が百石町小路（現在地）に教会敷地を購入して、聖堂を建立。植物学者としても知られたフォリー師は、弘前においてリンゴの剪定指導をおこない、当地のリンゴ栽培の発展に寄与しました。1910（明治43）年献堂の現聖堂を設計したのは、当時函館で天主堂再建に携わっていたH.オージェ神父。高さ8メートルのナラ材でできた見事なゴシック様式の祭壇は、1939（昭和14）年に当時の主任司祭J.コールス師が母国オランダ・アムステルダムの聖トマス教会から譲り受けたもの。設置の際に、天井を改装したといいます。建物はその後も増改築がおこなわれましたが、優美な尖塔と外壁左右の柱型をもつロマネスク様式の聖堂は、いまなお明治のおもかげを保っています。

設計者のパリ外国宣教会アンリ・オージェ神父（1883-1916）は1913年夏から1年ほど弘前の主任司祭を務めたのち、第一次世界大戦に応召し、フランスで戦死した。施工は弘前で多くの洋風建築を建てた棟梁・堀江佐吉の弟・横山常吉。聖堂はミサ時間以外は終日開放されている

information

カトリック仙台司教区
弘前教会

教会堂名	聖トマス・アクィナス
設計者	アンリ・オージェ
建築年	1910年
構造	木造、一部鉄骨（S）造
住所	青森県弘前市百石町小路20
アクセス	JR弘前駅から弘南バス浜の町経由藤代行き乗車（12分）、「文化センター」下車、徒歩5分

＊ユルバン・フォリー Urbain Jean Faurie 1847-1915 カトリック・パリ外国宣教会司祭、植物学者。フランスから1873年来日。北海道や青森などで司牧。1913年離日、台湾で永眠

49
日本基督教団 一関（いちのせき）教会

岩手・一関の
とんがり屋根
水害や震災を超えて
今日も立つ

岩手県

岩手県の内陸にある一関市街地の中心部。大通りを曲がってほどなく、とんがり屋根の白い塔が見えてきます。2連の尖塔アーチ窓をもつこの清楚な礼拝堂は、長老派*教会の伝統をひく、一関教会。盛岡の牧師により当地で説教会が開かれたのは、1894（明治27）年のことでした。1905（明治

38）年に日本基督教会一関講義所が設立され、その3年後現在地に移転。戦時下に日本基督教団一関教会と改称して現在に至ります。宮古教会の羽生義三郎牧師の設計による礼拝堂が献堂されたのは、まだ海外宣教団体からの援助を受けていた時代の1929（昭和4）年。20名足らずの信徒たちが映画会を

戦後2度の大水害や度重なる地震で被害を受けながらも、一度も主日（日曜）礼拝を休むことなく、祈りがささげられてきた

内部のタイバーを用いた架構や、尖頭アーチ窓を持つ塔など、若松栄町教会（→p.140）と類似点が多い。献堂当時の総工費は1万1千円余。東北地方には、アメリカ・ドイツ改革派宣教師クリストファー・ノッス（→p.141）博士の計画により、伝道の拠点として同時期に献堂された意匠の共通する会堂がいくつも現存している。一関教会もそのひとつ

構造を安定させるために金属棒（タイバー）が張られている。これにより梁のない広い空間となっている

催すなど、建築負担金捻出のために工夫を重ねたことが伝わっています。長く教会附属睦保育園の園舎としても用いられてきましたが、2015年に大規模な修繕をおこない、礼拝専用の建物となりました。

information

日本基督教団奥羽教区 **一関教会** 有文 2007

教会堂名　―
設計者　　羽生義三郎
建築年　　1929年
構造　　　木造
住所　　　岩手県一関市田村町2-14
アクセス　JR「一ノ関」駅から徒歩10分

＊長老派 カルヴァン主義に立ち、牧師と、長老と呼ばれる信徒代表らにより教会を運営するプロテスタント教会。改革派ともいう

わずか15坪ほどの小さな空間に、東方正教会の世界が凝縮されている。建物は秋田県指定有形文化財。所蔵する山下りん（→p.93）作のイコン19点は、大館市の指定文化財。現在は盛岡在住の司祭により、月に1度の聖体礼儀（礼拝）がおこなわれている

㊿

日本ハリストス正教会 北鹿正教会
ほくろく
生神女福音会堂（曲田福音会堂）
しょうしんじょ　　　　　　まがた

秋田県

秋田の田園にたたずむ
正教会最古の木造会堂

文化財としては「聖堂」だが、教会としては「会堂」が
正式名称となる*

米代川沿いの田園地帯に建つ、日本正教会最古の木造会堂。扉を開くと、外観からは想像できないほど華麗な空間が広がっています。1877（明治10）年、函館正教会（→p.144）から遣わされた伝教者アレキセイ山中友伯が秋田県を巡り、大館に正教の教えが伝えられました。2年後には北秋田郡十二所町字曲田（現・大館市内）の豪農・畠山市之助が函館のアナトリイ司祭から領洗。1892（明治25）年、畠山氏が私財を投じて屋敷内に建てたのが、この曲田福音会堂です。ギリシャ十字の平面とビザンチン風のドームを特色とし、良質の秋田杉が用いられ、工事には東京のニコライ堂（→p.56）建設に関わった大工の関与が伝えられています。1927（昭和2）年の火災で隣接する畠山邸が失われたなか、この会堂は奇跡的に焼失を免れました。明治の木造建築の貴重な遺構です。

*日本正教会では、宝座（祭壇）に聖人の不朽体（ふきゅうたい）（聖遺物）を納めている教会堂を「聖堂」、それ以外の教会堂を「会堂」と呼ぶ

information

日本ハリストス正教会教団東日本主教々区
北鹿正教会
生神女福音会堂（曲田福音会堂）

教会堂名	生神女福音会堂
設計者	不詳
建築年	1892年
構造	木造
住所	秋田県大館市曲田字曲田80-1
アクセス	JR「大滝温泉」駅から徒歩10分

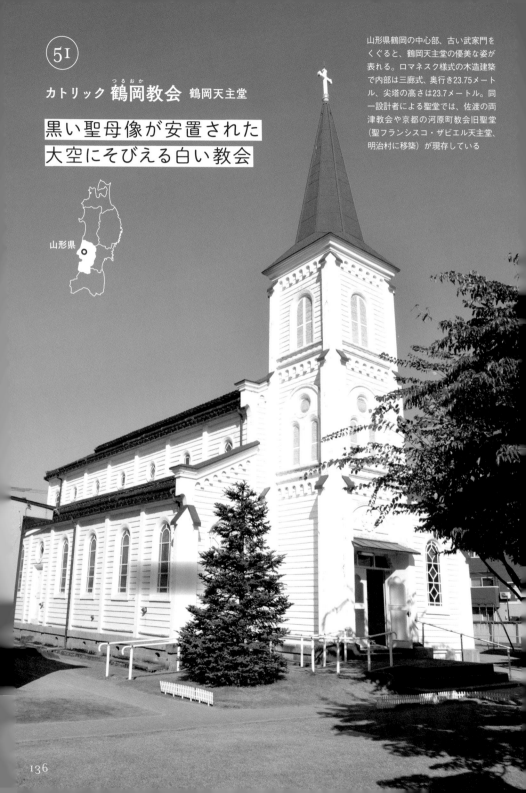

カトリック **鶴岡教会** <ruby>鶴岡<rt>つるおか</rt></ruby> 鶴岡天主堂

黒い聖母像が安置された
大空にそびえる白い教会

山形県

山形県鶴岡の中心部、古い武家門をくぐると、鶴岡天主堂の優美な姿が表れる。ロマネスク様式の木造建築で内部は三廊式、奥行き23.75メートル、尖塔の高さは23.7メートル。同一設計者による聖堂では、佐渡の両津教会や京都の河原町教会旧聖堂（聖フランシスコ・ザビエル天主堂、明治村に移築）が現存している

聖堂左側の副祭壇に安置された、日本に一体しかない黒いマリア像

（左上）幼子イエスを抱いたヨセフ像。ステンドグラスは、絵を印刷した薄い透明な紙（アイルランド製）を2枚のガラスで挟んだ「窓絵」と呼ばれるもの　（左下）内陣の祭壇は1931年に奉献されたもの。最上段にみ心のイエス、下に聖フランシスコ・ザビエルと幼いイエスの聖テレジアの像が安置されている

庄内地方へのカトリックの巡回布教は1879（明治12）年から始まりました。パリ外国宣教会のダリベル神父[1]が鶴岡に定住、1887（明治20）に家老屋敷跡（現在地）を購入して鶴岡教会を開きます。ダリベル神父は天主堂の建設を計画し、みずから建築費用を工面、建築の心得のあったパピノ神父[2]に設計を依頼。2代目主任司祭のマトン神父[3]が建築計画を引き継いで、日本人棟梁・相馬富太郎とともに尽力。3代目主任のエルベ神父の下である1903（明治36）年についに献堂の日を迎えました。赤い塔屋をもつ気品ある姿は、東北地方における明治洋風建築の白眉ともいわれます。日本で唯一の黒い聖母像は、ダリベル神父の故郷であるフランス・デリブランドの修道院から贈られたもの。透明なフィルムに描かれた聖画を2枚のガラスで挟んで貼る「窓絵」も国内ではこの聖堂でしか見ることができません。

information

| カトリック新潟教区 | 重文 |
| 鶴岡教会 鶴岡天主堂 | 1979 |

教会堂名	聖マリア
設計者	J.E.Jパピノ
建築年	1903年
構造	木造
住所	山形県鶴岡市馬場町7-19
アクセス	JR鶴岡駅から庄内交通バス乗車、「マリア幼稚園前」下車、徒歩1分

*1 ダリベル P. D. F. Dalibert 1860-1935 カトリック・パリ外国宣教会司祭。フランスから1884年来日。主に秋田県、山形県で司牧。鎌倉で永眠　*2 パピノ J.E.J.Papinot 1860-1942 カトリック・パリ外国宣教会司祭。フランスから1886年来日。東京の教会を司牧、聖堂設計者としても著名。1911年離日　*3 ルイ・マトン Réni Louis Mathon 1869-1945 カトリック・パリ外国宣教会司祭。フランスから1894年来日。北海道、東北地方で司牧。小田原で永眠

カトリック 山形教会
やまがた

山形市の中心部に
たたずむ
レトロモダンな聖堂

山形県

山　形駅から徒歩10分ほどの地に位置す
るここカトリック山形教会は、1900
（明治33）年、パリ外国宣教会のルイ・マト
ン神父（→p.137）を初代主任司祭として創
設されました。1901（明治34）年7月に鶴岡
教会（→p.136）のP.D.F.ダリベル神父
（→p.137）が転任、同年現在地に教会用地を
購入して教会の基礎をつくります。現在の
聖堂は、1926（大正15）年、神言会のフラ

ンツ・フィンゲル神父＊の代に建立された
もので、大正時代の香りがただよう和洋折
衷の建築です。聖堂はデザイン性の高い十
字架をいただく八角形の塔屋をもち、2階の
特色ある形状の窓から色ガラスを通して光
が差し込みます。2010年にバリアフリー化
などの大改装をおこない、正面にはハト（聖
霊）をデザインした円形のステンドグラス
が入りました。

おもにドイツの教会の援助で建立された山形天主堂は、大正15年10月24日、新潟知牧長アントン・チェスカ師により聖別された。内陣正面の十字架には、磔刑像ではなく復活のキリスト像がかけられている

日本建築の伝統を守りつつも洋館の雰囲気のあるレトロモダンな造り。正面上部に飾られているのは、よき牧者のイエス像

information

カトリック新潟教区
山形教会

教会堂名	洗礼者聖ヨハネ
設計者	塩浜資三
建築年	1926年
構造	木造
住所	山形県山形市香澄町2丁目11-15
アクセス	JR「山形」駅から徒歩10分

＊フランツ・フィンゲル Franz Finger 1942没。オーストリア出身のカトリック・神言会司祭。金沢、新潟、山形などで司牧

日本基督教団 若松栄町教会
（わかまつさかえまち）

福島・会津に立つ
野口英世ゆかりの教会

○→福島県

旧会津藩城下町の中心部、野口英世青春通りの終点に位置するこの教会は、日本基督教会宮城中会の若松講義所として1894（明治27）年に創立されました。当時は北小路（現・日新町）にあり、若き日の野口英世が藤生金六牧師から洗礼を受けた記録が残っています。アメリカの教会を思わせる現礼拝堂の建立は1911（明治44）年。そ

の前年に仙台から会津に定住したクリストファー・ノッス宣教師*の働きによるものでした。戦時下に日本基督教団若松栄町教会となり、一時期、東京女子大学の会津若松分校がおかれたことも。礼拝堂の設計者は確認されていませんが、尖塔型の屋根をかけた角塔など、W.M.ヴォーリズ設計の福島教会（震災により解体）との類似点が多

3階建ての角塔を従えた木造下見板張りのゴシック様式。一時は西洋お化け屋敷と呼ばれるほどに荒れはてたが、およそ7千万円の費用をかけて2001年に修復された

長老派（→p.133）の伝統に立ちつつも創建当時から「恵の座」をもつユニークな礼拝堂。戦後に設置された直立式の十字架には、教会暦に対応した色やシンボルの布がかけられる

（左）東北伝道に生涯をささげたノッス博士が書斎で愛用した木製の椅子　（右）色ガラスがはめ込まれた尖塔アーチ窓。正方形の部分は上げ下げ窓になっている

いことが指摘されています。2001年には地域の人びとと力を合わせて「野口英世の歴史を刻む礼拝堂修復」を実現。ゴスペル合唱団の活動拠点として知られ、平和活動も活発におこなわれています。

＊クリストファー・ノッス　Chritopher Noss 1869-1934 アメリカ・ドイツ改革派宣教師。米国から1896年来日。会津若松を拠点に東北地方を伝道。青森で客死

information

日本基督教団東北教区
若松栄町教会
有文
2000

教会堂名	－
設計者	ウィリアム・メレル・ヴォーリズの関与が伝えられている
建築年	1911年（改修2001年）
構造	木造
住所	福島県会津若松市西栄町8-36
アクセス	JR「会津若松」駅から徒歩15分

54

日本ハリストス正教会 白河正教会
生神女進堂聖堂
<small>しらかわ</small>

100年の歴史を刻む
クーポルに白い壁

福島県

福島でもっとも古い歴史を誇る教会がこの白河正教会です。1876（明治9）年に宣教が開始され、翌年に教理研究会「発酵会」が発足。1878（明治11）年にはパウェル澤辺琢磨司祭により7名が洗礼を受け、福島県初のキリスト教徒が誕生しました。「白河進堂会」と称し、1882（明治15）年に会堂が建築（集会所として現存）。パウェル澤辺師が初代の管轄司祭として定住（1884〜91年）、教勢を伸ばします。続いて函館から転任したティト小松韜蔵司祭が伝道に励み、白河は正教会の中心となりました。現在の河村伊蔵設計によるロシア風のビザンチン式聖堂は1915（大正4）年の建立。鐘塔がなく、至聖所の上に1箇所クーポル（→p.7）が載る独特なスタイルです。敷地に咲き乱れるバラの美しさから、「野バラの教会」の名でも知られています。

広い白壁に、三角破風を載せた窓ひさしがアクセントを添えている。豊橋（→p.124）、函館（→p.144）の聖堂とほぼ並行して建築され、セルギイ主教が成聖式をおこなった。およそ4500円の建築費用は、ロシアからの援助と地元の信者の募金により賄ったという

建物と内部のイコンは福島県の重要文化財。
山下りん（→p.93）の作品がイコノスタス（聖
障）に使われている。現在は月に1度、仙台か
ら巡回する司祭によって公祈祷がある

information

日本ハリストス正教会教団東日本主教々区
白河正教会　生神女進堂聖堂

教会堂名　生神女進堂聖堂
設計者　　河村伊蔵
建築年　　1915年
構造　　　木造
住所　　　福島県白河市愛宕町50
アクセス　JR「白河」駅から徒歩7分

55

日本ハリストス正教会

函館正教会　主の復活聖堂
(はこだて)　(しゅ　ふっかつ)

函館の至宝は
典雅なロシア
ビザンチン様式聖堂

北海道

港をのぞむ高台に優美な姿を見せる函館正
教会。河村伊蔵設計による唯一のレンガ建
築で、アーチを多用した曲線、白漆喰の壁
と緑色の6個のタマネギ屋根〔クーポル〕が
印象的。北国の気候に合わせてレンガ積み
の厚さは65センチもあるという

しっくいの壁やイコノスタス（→p.59）
などが修復され、明るくなった聖堂。
12大祭や眠りの聖像など、山下りん
（→p.93）作のイコンも所蔵している

白い壁に緑屋根、ロウソクの炎をかたどった小さな6個のクーポル。函館のシンボルとしてあまねく知られたこの聖堂の歴史は、1858（安政5）年、ロシア領事ゴシケーヴィチの箱館着任とともに始まりました。2年後、現在地にロシア領事館が建立、その附属聖堂を領事が「復活聖堂」と命名します。1861（文久元）年6月には領事館付司祭としてニコライ・カサートキン（のちの聖ニコライ大主教（→p.59））が来日。7年後、箱館ではじめて3名の日本人正教徒が誕生しました。1872（明治5）年にニコライ師は上京し、聖堂は領事館から独立した函館正教会に。1907（明治40）年の大火による初代聖堂の焼失後、ロシア篤志家からの多額の献金により、1916（大正5）年現在の聖堂が建立されました。祈祷前に響きわたる大中小6個の鐘の音は圧巻で、「ガンガン寺」という愛称の由来となっています。2023年に大改修工事が完了。

ペリー艦隊も来航した歴史ある港町函館。「元町教会群」と呼ばれるエリアのなかでも、とりわけ卓越したロケーションと長い歴史を誇るのがこの函館正教会だ

1916年に総額4万5千円で竣工。1980年代の修理を経て、2020年から2年余をかけての大規模な聖堂保存工事をおこない、耐震補強を実現。屋根は緑青銅板に葺き替えられた

information

日本ハリストス正教会教団東日本主教々区
函館正教会 主の復活聖堂　　重文 1983

教会堂名	主の復活聖堂
設計者	河村伊蔵
建築年	1916年
構造	レンガ造
住所	北海道函館市元町3-13
アクセス	市電「末広町」から徒歩10分

カトリック 元町教会
_{もとまち}

赤い屋根と金の雄鶏
北日本最古のカトリック教会

かつては函館天主公教会と呼ばれ、1891年から1936年まで函館教区（当時）の司教座がおかれていた。鐘楼の高さはちょうど100尺（30.3メートル）あり、尖頭には新約聖書のペトロにちなむ「否みの鶏」が東向きに据えられている

北海道

ブルーの空に星がきらめくリブ・ヴォールト天井が美しい。チロル地方の木彫でできた精緻な祭壇や「十字架の道行き」額などは、ローマ教皇ベネディクト15世（在位1914〜1922）からの贈りもの

北海道最南端の大千軒岳で百余名のキリシタンが殉教してから220年。1859（安政6）年にパリ外国宣教会のメルメ・カション[1]師が箱館に上陸して、北海道におけるカトリックの再宣教が始まりました。カション師が居留先の称名寺境内にもうけた小聖堂が、元町教会の源流です。師の帰国後に別の宣教師2名が来日、1868（慶應4）年にはじめての日本人受洗者が誕生しました。1877（明治10）年にJ.M.マラン師[2]により現在地に天主堂が献堂。1891（明治24）年には函館教区が成立し、初代司教ベルリオーズ師[3]が着座します。聖堂は2度の大火に遭いましたが、米国の人びとからの援助も得て、1924（大正13）年に現在のゴシッ

ク様式の聖堂が再建されました。芸術的な祭壇をはじめ、鐘楼の突端にある雄鶏、外扉についた福音記者のシンボルなども聖書からのメッセージを伝えています。門の近くで晩春に咲く、函館市内でも数少ないウコン桜の美しさも格別。

information

カトリック札幌司教区 元町教会

教会堂名　無原罪の聖母
設計者　　不詳
建築年　　1924年
構造　　　レンガ造、鉄筋コンクリート（RC）造
住所　　　北海道函館市元町15-30
アクセス　市電「十字街」から徒歩10分

＊1 メルメ・カション Eugène-Emmanuel Mermet-Cachon 1828-1889 カトリック・パリ外国宣教会司祭。フランスから琉球、香港を経て1858年来日。1863年には宣教会を離れ、日本で通訳として活躍した。フランスで永眠　＊2 J.M.マラン Jean-Marie Marin 1842-1921 パリ外国宣教会司祭。フランスから1866年来日。横浜、函館などで司牧。1881年離日　＊3 アレクサンドル・ベルリオーズ Berlioz Alexandre 1852-1929 パリ外国宣教会司祭。フランスから1879年来日。函館教区初代司教（1891-1927）。1927年離日

日本聖公会
函館聖ヨハネ教会
<small>はこだてせい</small>

函館山の麓に立つ
モダンな
十字架型の聖堂

北海道

（左）クリスマスのキャンドルサービス　（右）イースター礼拝のひとこま。十字架にかけられた白い布は、イエスの甦りを象徴している

元町教会群のひとつ、函館聖ヨハネ教会は北海道の聖公会で最古の歴史を誇ります。その働きの始まりは、1874（明治7）年5月16日。この日函館に上陸した英国聖公会宣教協会（CMS）のウォルター・デニング宣教師*が基礎を築き、4年後、函館聖公会の初代聖堂が内澗町（現・末広町）に建設されました。1896（明治29）年に北海道地方部の主教が立てられ函館に定住（1927年まで）、1901（明治34）年には邦人牧師の下で北海道初の自給教会（→p.51）となります。靖和女学校や谷地頭アイヌ学校などの教育活動、医療奉仕活動なども活発におこなわれました。函館の大火により幾度

十字架のモチーフを随所に使った教会堂。2018年に外壁や屋根を補修し、美しい姿になった

も礼拝堂を失い、場所も転々としましたが、1921（大正10）年に現在地に移転。現在の聖堂は1979（昭和54）年に完成したもので、空からでも、どこから眺めても十字架の形が認められるユニークなデザイン。聖公会建築では珍しいドーム型の天井を有しています。

information

日本聖公会北海道教区
函館聖ヨハネ教会

教会堂名	―
設計者	株式会社匠建築設計事務所
建築年	1979年
構造	鉄筋コンクリート（RC）造
住所	北海道函館市元町3-23
アクセス	市電「十字街」から徒歩15分

＊ウォルター・デニング Walter Dening 1846-1913 英国から1873年来日。1882年英国聖公会宣教協会（CMS）宣教師を退き、ジャーナリスト、のち英語教師となる。仙台で没

日本基督教団 札幌教会<ruby>さっぽろ<rt></rt></ruby>

札幌のランドマーク
川畔の青い尖塔と
バラ窓の教会

北海道

風雪に耐えてきた風格と、かわいらしさが共存する札幌教会。木造骨組みの外側に札幌軟石を張り、耐火構造としている。現役の教会堂としては道内最古級で、2024年に献堂120年を迎える

札幌中心部の創成川沿いに位置するこの教会の起源は、札幌農学校のクラークの教え子たちが函館のメソジスト監督教会宣教師M.C.ハリス*から洗礼を受けた1877（明治10）年にさかのぼります。信者たちの家庭集会が発展し、1889（明治22）年9月7日に道内3番目のメソジスト教会として札幌美以教会が設立。戦時下に日本基督教団札幌教会となりました。現在の礼拝堂は2代目会堂の焼失後に再建した3代目で、北海道庁土木課技師だった教会員・間山千代勝の設計。八角形の尖塔をもつ塔屋と青い屋根の礼拝堂は、ロマネスク様式を基調としつつ、窓の一部にゴシック様式をとりいれた木骨石造り。外壁の角にかたどられた五稜星（星マーク、開拓使のシンボル）に、北海道らしさを感じます。

講壇には竪琴を模した額縁がほどこされ、手前にはメソジストの伝統である「恵の座」が。設立時からの木製ベンチは羊をイメージしたデザインとなっている

information

日本基督教団北海教区 札幌教会　　有文 1998

教会堂名	－
設計者	間山千代勝
建築年	1904年
構造	木骨石造
住所	札幌市中央区北1条東1-3
アクセス	JR「札幌」駅から徒歩15分

＊M.C.ハリス Merriman Colbert Harris 1846-1921 アメリカ・メソジスト監督教会宣教師、宣教監督。アメリカから1873年来日。北海道における最初のプロテスタント伝道者。東京で永眠

北海道唯一の
レーモンド建築

北海道

北海道に唯一現存するアントニン・レーモンド建築として知られるこの聖堂は、札幌市東区の静かな住宅街に位置しています。1951（昭和26）年、当地在住の青年信徒たちが中心となった伝道活動からこの教会の歩みが始まりました。翌年には教会の設立が承認され、米国聖公会から

B.D.タッカー司祭*が1954（昭和29）年に赴任。タッカー師は当時73歳だった建築家レーモンドに新聖堂の設計を依頼し、レーモンドは無償で快諾。積雪の多い当地の気候に合わせ、小屋組の丸太をより太い部材へ変更するなど施工担当者の努力の末、1960（昭和35）年に完成・聖別式を迎えました。

円や正方形のモチーフが窓ガラスに浮かぶ、夜の札幌聖ミカエル教会。2007年「第13回札幌市都市景観賞」を受賞、同年「札幌景観資産」に指定された

キャンドルのあかりの下、静かに流れる祈りの時間

はさみ状トラスの小屋組を用いた小聖堂。壁のレンガや床の砂利などはすべて北海道産の素材を使っている

レーモンド夫妻は献堂の翌年にはじめてこの教会を訪れ、その出来映えに満足したといいます。ノエミ夫人デザインによる調度品や和紙貼りのステンドグラスは、いまも当時のまま。主日礼拝以外にも、水曜祈りの夕べや撮影会を兼ねた夜間の一般公開などで多くの人が訪れる教会です。

information

日本聖公会北海道教区 札幌聖ミカエル教会

教会堂名	－
設計者	アントニン・レーモンド
建築年	1960年
構造	木造
住所	北海道札幌市東区北19条東3-4-5
アクセス	市営地下鉄南北線「北18条」駅から徒歩15分

＊ベバリー・D.タッカー Beverley D. Tucker 1925-2007 米国聖公会宣教師。在日本1953〜1992年。立教大学の基礎を築いたタッカー主教の甥にあたる

カトリック **小樽教会** 富岡聖堂
（おたる）（とみおか）

小樽の高台に建つ
赤い屋根と
八角堂の鐘楼

北海道

ロマネスクとゴシック様式を混在させた外観をもつ富岡聖堂。玄関上に見えるXPの文字はキリストを示すモノグラム（→p.13）

港町小樽の長い坂道（商大通り）の途中に、長崎の大浦天主堂（→p.14）を思わせるゴシック風の教会の塔が見えます。小径をのぼり扉を開けると、2階が聖堂。白漆喰の壁に、色ガラスを組み合わせた半円アーチ窓からやわらかな光が差し込みます。1882（明治15）年、ここ小樽にはじめてカトリックの教えを伝えたのは、植物学者としても著名なパリ外国宣教会のユルバン・フォリー師（→p.131）でした。1891（明治24）年に小樽天主公教会が発足、1903（明治36）年に初代の主任司祭A.コルニエ師が着任。現在地に聖堂が献堂されたのは1929（昭和4）年のことでした。戦後の信徒増加により、1947（昭和47）年に市内の住ノ江に分教会が誕生、それまでの小樽教会は富岡教会と改称。2015年4月、2つの教会は運営統合され、富岡聖堂と住ノ江聖堂の2つの聖堂をもつカトリック小樽教会になりました。富岡に司祭は常駐していませんが、聖堂はお祈りのため常時開放されています。

information

カトリック札幌司教区
小樽教会 富岡聖堂

教会堂名	イエスのみ心
設計者	不詳（一説に三浦才三）
建築年	1929年
構造	木造、一部鉄筋コンクリート（RC）造
住所	北海道小樽市富岡1-21-25
アクセス	JR「小樽」駅から徒歩15分

内陣部分。右の脇祭壇にはみ心のイエス像が安置されている

教会MAP

※ 教派名は省略しています

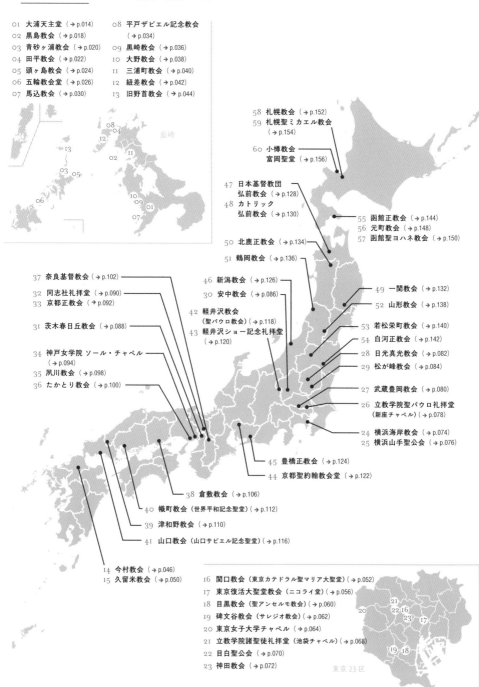

東京23区

主な参考文献

†キリスト教一般・教会建築一般

『日本キリスト教歴史大事典』教文館 1988／児島昭雄『日本の教会堂―その建築美と表情』日本基督教団出版局 1992／建築思潮研究所編『建築設計資料36 教会建築―キリスト教会・修道院・学園』建築資料研究社 1992／長久 清『教会と教会堂〈増補版〉』日本基督教団出版局 2000／亀田博和『教会のある風景―日本の教会美を訪ねて』東京経済 2000／八木谷涼子編『別冊太陽 日本の教会をたずねて』平凡社 2002／八木谷涼子編『別冊太陽 日本の教会をたずねて2』平凡社 2004／フィリップ・ウィルキンソン『「知」のビジュアル百科15 世界の建物事典』鈴木博之監修 あすなろ書房 2005／神田健次編『講座 日本のキリスト教芸術2 美術』日本キリスト教団出版局 2006／酒井一光『窓から読みとく近代建築』学芸出版社 2006／『教会をたずねる』―『美術手帖』2011年7月号 美術出版社／『知っておきたい！ 教会の基本』枻出版社 2013／ペン編集部編『キリスト教とは何か。2』阪急コミュニケーションズ 2011／中島智章『図説 キリスト教会建築の歴史』河出書房新社 2012／八木谷涼子編『なんでもわかるキリスト教大事典』朝日文庫 2012／R.テイラー『「教会」の読み方―画像や象徴は何を意味しているのか』竹内一也訳 教文館 2013／船本弘毅監修『一冊でわかるキリスト教』成美堂出版 2013

†カトリック／長崎の教会

『聲』聲社／『カトリック情報ハンドブック』カトリック中央協議会／典礼司教委員会編『ミサ典礼書』カトリック中央協議会 1978／パチェコ・ディエゴ『長崎の天主堂』西日本文化協会 1976／ヒルデブランド・ヤイゼル『ヒルデブランド神父自伝―在日50年の回顧』柳瀬晃男訳 中央出版社 1989／『長崎の教会―キリシタンの里をたずねて』カトリック長崎大司教区司牧企画室 1989／三沢博昭写真『大いなる遺産長崎の教会―三沢博昭写真集』智書房 2000／白浜 満、齊藤賀壽子『香部屋係のハンドブック―主よ、どこに過越の準備を』教友社 2005／カトリック長崎大司教区監修、長崎文献社編『長崎游学2 長崎・天草の教会と巡礼地完全ガイド 日本語版 (改訂版)』長崎文献社 2005／NHK『美の壺』制作班編『長崎の教会』日本放送出版協会 2008／白井 綾『長崎の教会』平凡社 2012／林一馬、川上秀人『鉄川与助の教会建築』LIXIL出版 2012／吉田さらさ文、飯田裕子写真『長崎の教会』JTBパブリッシング 2015／木方十根、山田由香里『図説 長崎の教会堂―風景のなかの建築』河出書房新社 2016

†正教会

石川喜三郎編『日本正教伝道誌 巻之1-2』正教会編輯局 1901／『正教時報』正教時報社／高橋保行『正教信仰図解』1974／牛丸康夫『日本正教史』日本ハリストス正教会教団府主教庁 1978／厨川 勇『函館ガンガン寺物語』北海道新聞社 1994／長縄光男『ニコライ堂の人びと―日本近代史のなかのロシア正教会』現代企画室 1989／池田雅史『ニコライ堂と日本の正教聖堂』東洋書店 2012

†その他

角 幸博「マックス・ヒンデルと田上義也―大正・昭和前期の北海道建築界と建築家に関する研究」博士論文 1995／『聖堂ウォッチング』日本聖公会大阪教区 GFS 1999／築地居留地研究会編『近代文化の原点―築地居留地 Vol.1』亜紀書房 2000／大江満『宣教師ウイリアムズの伝道と生涯―幕末・明治期米国聖公会の軌跡』刀水書房 2000／桑山隆『礼拝と奉仕』聖公会出版 2002／横浜都市発展記念館編『横浜・長崎教会建築史紀行―祈りの空間をたずねて』横浜都市発展記念館 2004／前田貞一『聖卓に集う―日本福音ルーテル教会礼拝式書解説』教文館 2004／『自伝 アントニン・レーモンド 新装版』三沢浩訳 鹿島出版会 2007／『リベットルーフ現場レポート21号』日本リベットルーフ防水工事業協同組合 2009／田辺千代文、増田彰久写真『日本のステンドグラス 宇野澤辰雄の世界』白揚社 2010／「はこだてと外国人居留地―キリスト教編」はこだて外国人居留地研究会 2011／「はこだてと外国人居留地―フランス編」函館外国人居留地研究会 2011／髙橋 力『風に吹かれて―会津伝道ものがたり』日本キリスト教団出版局 2012／『軽込牧師退任記念感謝文集』日本キリスト教団茨木春日丘教会 2012／堀江優子編著『戦時下の女子学生たち―東京女子大学に学んだ60人の体験』教文館 2012／内藤恒方、土屋重文『アントニン・レーモンド―チャーチ＆チャペル』バナナブックス 2013

†各個教会史

『函館聖ヨハネ教会沿革史前編』日本聖公会函館聖ヨハネ教会 1983／『日本基督教団一関教会伝道百年』日本基督教団一関教会 1994／荻原泉『神の小羊―鶴岡カトリック教会略史』1996／『東京復活大聖堂修復成聖記念誌』日本ハリストス正教会教団 1998／『主に感謝 日本聖公会横浜山手聖公会50年史』1998／『栄光百五十年』函館カトリック元町教会 2009／『軽井沢ショー記念礼拝堂115年のあゆみ―1895(明治28)年に建てられた軽井沢最古の教会の略史』カシヨ出版センター 2010／『函館ハリストス正教会史 亜徒徒日本の大主教ニコライ渡来一五〇年記念』函館ハリストス正教会 2011／『倉敷教会百年史』日本キリスト教団倉敷教会 2011／『聖堂80周年記念誌』夙川カトリック教会 2012／『立教学院聖パウロ礼拝堂50周年記念誌』2014

この他にも多くの個人および報道機関のサイト、観光情報サイト、ブログ、SNS、ウェブで公開されている研究論文などを参考にさせていただきました。感謝申し上げます。

文

八木谷 涼子 著述家
（や ぎ たに りょう こ）

1960年生まれ。キリスト教の教派と文化、19世紀の来日宣教師に関心をもつ。著書に『なんでもわかるキリスト教大事典』（朝日文庫）、『もっと教会を行きやすくする本』（キリスト新聞社）、『キリスト教の歳時記』（講談社学術文庫）、編著に『別冊太陽 日本の教会をたずねて1&2』（平凡社）、共訳書にS・E・タバクニック『アラビアのロレンスを探して』（平凡社）などがある。

写真

鈴木 元彦 美術家／博士（芸術）
（すず き もとひこ）

1981年東京生まれ。大学卒業後、西沢大良建築設計事務所で「TOTOギャラリー・間」等の仕事に従事。2004年有限会社PLUMEARTを設立。2009年教会建築を専門とする建築家田淵諭（大岡山建築設計研究所所長）を師事。2014年多摩美術大学大学院美術研究科博士後期課程修了、博士号取得。2013年美術公募展「国展」（国立新美術館）に初出品・初入選し、翌年国画賞を《光の静寂》で受賞。2018年準会員優作賞を授賞し、国画会会員推挙。主な建築作品に「日本バプテスト連盟 大井バプテスト教会・あけぼの幼稚園」（設計・工事監理※共同、2021）。国内外で数々の個展等を開催し、受賞歴多数。現在、光の空間デザイン研究所（鈴木元彦建築研究所）主宰、多摩美術大学非常勤講師、国画会写真部会員、日本建築写真家協会会員。著書に『光と祈りの空間─ル・トロネ修道院─』（サンエムカラー）、『東京の名教会さんぽ』（エクスナレッジ）、共著に『日本の最も美しい教会』（エクスナレッジ）など。連載「聖なる光と祈りの空間」『信徒の友』（日本キリスト教団出版局）
https://www.motohiko-suzuki.com

日本の美しい教会

2023年12月4日　初版第1刷発行

著者	八木谷涼子(文)
	鈴木元彦(写真)
発行者	三輪浩之
発行所	株式会社エクスナレッジ
	〒106-0032
	東京都港区六本木7-2-26
	https://www.xknowledge.co.jp/
問合せ先	編集　Tel：03-3403-1381
	Fax：03-3403-1345
	info@xknowledge.co.jp
	販売　Tel：03-3403-1321
	Fax：03-3403-1829

無断転載の禁止
本書の内容（本文、写真、図表、イラスト等）を、当社および著作権者の承諾なしに無断で転載（翻訳、複写、データベースへの入力、インターネットでの掲載等）することを禁じます。